だれでもできる〔超簡単〕

スケッチ&パース

増補改訂版

村山隆司／著

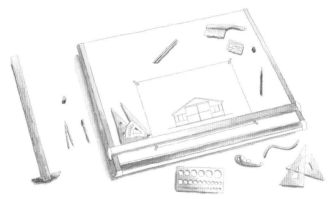

X-Knowledge

contents

Chapter**2**

建築図面編　047

はじめに

建築を学ぶと、どうしても形を思い通りに描くことが必要となります。しかし、建築を学ぼうと思う人が、皆、絵を描くことが得意とは限りません。というか、ほとんどの人が苦手なのではないかと思います。筆者もその１人で、小学校の頃に、夏休みの宿題の絵日記で、たいへんつらい思いをしたせいで、絵を描くのが嫌いになっていました。

ところが、建築を志し、必要に迫られて練習を始めたころ、描くコツを学べば、下手なりに表現することができるのだなと気付かされ、それから描くことが好きになり、鉛筆を持つことが楽しくなりました。その最初のヒントが写真のスケッチ練習でした。写真は手軽に描けるスケッチの材料です。それが絵になると感動が沸き、描き慣れていくにつれ、外でのスケッチも上達しました。すると俄然スケッチが楽しくなり、さらに腕が上がる。うれしい発見でした。ちなみに、写真スケッチは、踊り子を描いたドガも採用していました。

建築パースの描き方を大学の授業で習ったとき、これは写真スケッチの技法と同じではないか、写真スケッチを応用すれば、簡単にパースが描けることに気付きました。この本ではスケッチから建築図面、パースと幅広く学べるように内容を盛り込みました。Chapter1 から順番に学ばなくてもわかるよう、各 Chapter で実践で使えるように企画しました。それぞれ自分の技量に合わせて、好きなページをめくってみてください。実例を眺めるだけでもよいですから、楽しんでください。

この本を手に取ったあなたがスケッチ、建築図面、パースの達人になられることを願っています。

村山 隆司

著者の両手
右手で右手を描いています。

CHAPTER

1
スケッチ編

スケッチは心で描くもの、自分の気持ちに素直に、
感動したままを紙に写し取ること。それがスケッチです。
スケッチしたい気持ちを抑えることなく、
あなたに絵筆をとらせたものをまっすぐにみつめる。
スケッチはそこからはじまります。
Chapter1では、1本の線の意味、線の引き方、スケッチに必要な道具、
そして誰でもスケッチが得意になる写真スケッチの描き方から
グリッドフレームでの描き方を解説していきます。

手描きのスケッチを
思うように描くには

いざ、スケッチしようとしても、なかなか思うようにはいきません。
目で見たままを、手で描くにはどうしたらいいのでしょうか?

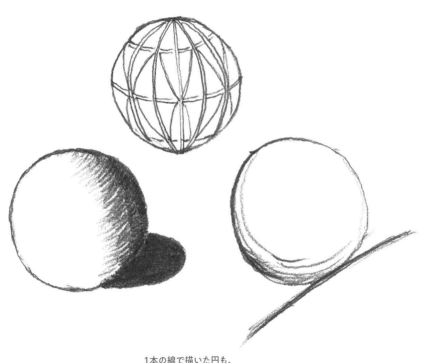

1本の線で描いた円も、
描き加える線によって、
幾通りもの表現ができます。

線を使って、ものの輪郭をとらえる

**見る。触れる。感じる。
そして、スケッチする。**

　スケッチをしようと画用紙に向かうとき、「見たままを正確に描こう」と思うはずです。実物と寸分たがわず再現しようとすると、設計図のような図面になるでしょう。しかし、見ているものを描くということは、正確に言うと見て感じたものを描くこと。私たちは何かを見るとき、そのすべてを見ているわけではありません。自分の見たいもの、興味のあるものを無意識のうちに抽出しています。そして、それらは、見る人の過去の記憶や経験に左右されます。で

すから同じものを目の前にしても、人によってまったく違うものを見ているのです。

　スケッチは描く人が感じたままを、画用紙の上に表現することですから、形が正確でなくても、細部まで描きこまれていなくても、かまいません。むしろ、取捨選択することでその人らしいスケッチになるのです。

　実力以上に上手に描こうと、余分なことは考えないことです。上手下手より、大切なのは表現したいという思いです。「きれいだなあ」、「この景色をとどめておきたい」という描き手の思いこそが、見る人の心に伝わるのです。

線で描き出されるもの

鉛筆やペンで引いた線は、ただの線でしかありません。が、線が何本も増えて重なっていくと、そこにはさまざまなものが浮かび上がってきます。たとえば、1本の線で描いた円に影をつけると球に、表面に立体的に幾何学模様を描けば手鞠に、また接するように線を加えれば、転がっているボールになります。このようにものの質感、光と影、動きに至るまで、線という要素を組み合わせることで、描く人の視点を通して、意思や感情を表現することができるのです。

ものの輪郭を捉える

私たちが形を認識するとき、そのものと周囲の境目、つまり輪郭線でものを捉えています。色や質感も同時に意識していますが、輪郭線でものの形を捉えているのです。この輪郭線を忠実に捉えることができれば、スケッチにリアリティが増し、結果的に表情豊かなスケッチを描くことができます。

左のスケッチを見てください。一番上は、1本の線で輪郭を描いただけ。でも、塔とドームを持つ建築ということは分かります。二番目は輪郭線の外側を縁取るように影をつけたもの。建物が手前に浮き上がって見えます。三番目は二番目と逆に建物を塗りつぶしてシルエットを強調したもの。どっしりとした重量感が伝わってきます。四番目は窓や屋根の梁を描いたことで、大きさや塔の高さといった建築としてのスケールや表情が分かるようになりました。

フィレンツェ（イタリア）のドゥオーモ。輪郭線を見つけられたらさまざまな手法でスケッチできます。

イタリア、サロノ村の
階段の路地を、
柔らかい紙に柔らかな
鉛筆のタッチで。

輪郭線で白黒を反転して、
伊勢神宮内宮の
おごそかな雰囲気を表現。

［応用］
いろいろなスケッチ❶
｛鉛筆だけのスケッチ｝

輪郭やシルエットを描くだけでも立派なスケッチです。
時間がないときでも、紙と鉛筆1本あれば、スケッチできます。
描きたいと思ったとき、描ける範囲で描けばいいのです。

鉛筆で描いたシルエットが
エッフェル塔のすっきりと
力強いイメージにマッチ。

シャープペンシルの
均一な線で素朴な
ブータンの民家を描きました。

鉛筆の単線で描いたハワイのビーチ

左は両側の女性が前に、
右では真ん中の男性が前に輪郭線で遠近感を描き分け。

［応用］
いろいろなスケッチ❷
{ 彩色したスケッチ }

色をつけていくと、スケッチに季節感や
時間の表現を加えることができます。
色の濃淡で遠近感も表すことができるので、
表現できる世界がぐっと広がります。

鳥取の山間の村。

上平村の合掌造りの集落。

西津軽の車力村の民家

塩尻市洗馬風景写生

長野県塩尻市洗馬の
民家手前の樹木はあえて色を淡くし、
民家に目線を導いています。

富山県東砺波郡の
岩瀬家住宅。
江戸末期建立の
重要文化財。

スケッチ上達に欠かせない 思い通りの線を引くには

フリーハンドで直線を引くのは、慣れないとむずかしいもの。
目線で先回りしながら、腕から大きく動かし描くのがコツです。

まず、意識して直線を引いてみる

たくさん引くうちに 自分の線が見えてくる

　今まで文字は多く書いてきたと思いますが、線は描いていないのではないでしょうか？　もちろん、定規を使って線を引くことはあるでしょうが、最近はパソコン上での作業が多いでしょうから、鉛筆さえ持たないという人も多いかもしれませんね。

　なにはともあれ、線を引かないことにはスケッチは始まらないので、ここは初心に帰って、まっすぐな線を引く練習をしてみましょう。意識を線を引くことに集中して、小手先だけではなく、腕全体を使って線を引きます。これが基本動作です。繰り返すうちにまっすぐな線も、引き方によって表情に違いが出るのが分かるはずです。

　上に並んでいる3本の線の違いが分かるでしょうか？　一番上は一気に引いた線。二番目はペン先にちょっと力をこめ1mmずつ軌道修正するように慎重に引いた線。三番目は数ミリの線の両端を重ねるように、イメージとしては手縫いの半返し縫いのように行っては少し戻るを繰り返して引いた線です。形を描くとき、どんな線で描くかによってまったく違う印象に仕上がります。実際にいろいろとペンの動かしてみて、自分なりの線の描き方を見つけてください。

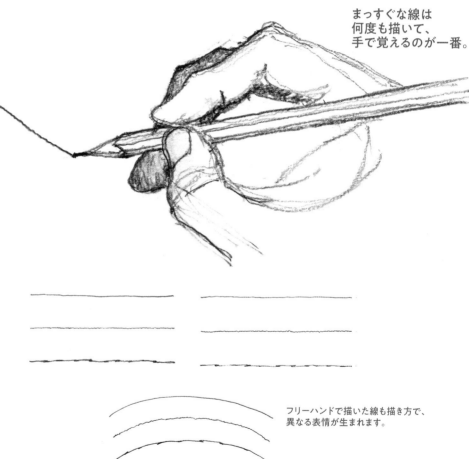

まっすぐな線は
何度も描いて、
手で覚えるのが一番。

フリーハンドで描いた線も描き方で、
異なる表情が生まれます。

まっすぐな線の引き方

スケッチで描く線は、定規は使いません。たとえ直線であってもフリーハンドで描くのですから、一直線にならなくてもいいのです。少しぶれたり、濃淡がついたり、それがその人の味。とはいっても、あまりゆがんでは、イメージを伝えること自体おぼつかなくなってしまうので、ある程度練習が必要です。

まず、線を引く前に、線の起点と終点をあらかじめ意識しておくこと。手首や肘を軸にして描こうとすると、カーブしてしまうので、腕ごと平行移動させるように動かします。

ペン先に意識を集中してわざと細かく震えるように線をつなげていくと、まっすぐに見える線が引けます（これをフリーハンドをもじって、ふるえハンドといいます）。さらに、この線を平行に引くと、少々いびつでも気にならなくなります。格子や升目などの平行な線の集まりは、窓枠や床など建築にはよく出てくる表現です。いくつかパターンを設定して、できるだけ正確に描く練習をしてみましょう。

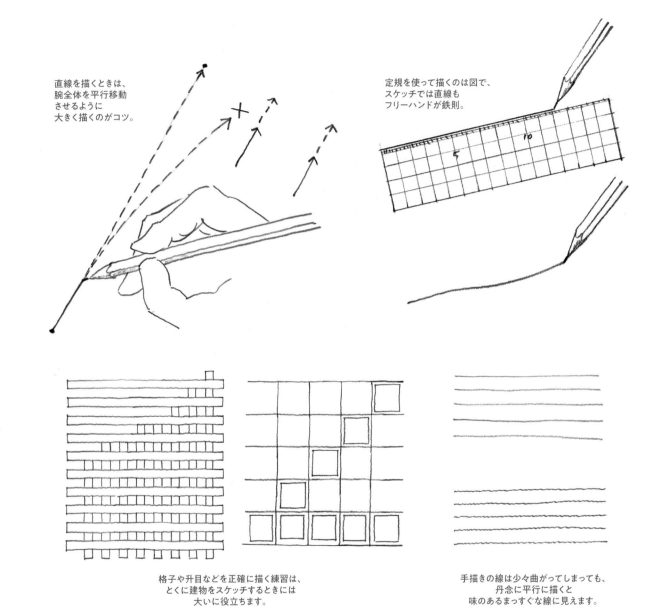

直線を描くときは、腕全体を平行移動させるように大きく描くのがコツ。

定規を使って描くのは図で、スケッチでは直線もフリーハンドが鉄則。

格子や升目などを正確に描く練習は、とくに建物をスケッチするときには大いに役立ちます。

手描きの線は少々曲がってしまっても、丹念に平行に描くと味のあるまっすぐな線に見えます。

フリーハンドで
曲線、円、楕円を描くには

強さや潔さが直線の持ち味とするならば、
よどみなく流れるような曲線は、優美さの極地。
じつは曲線は直線以上にフリーハンドで描くのがむずかしいのです

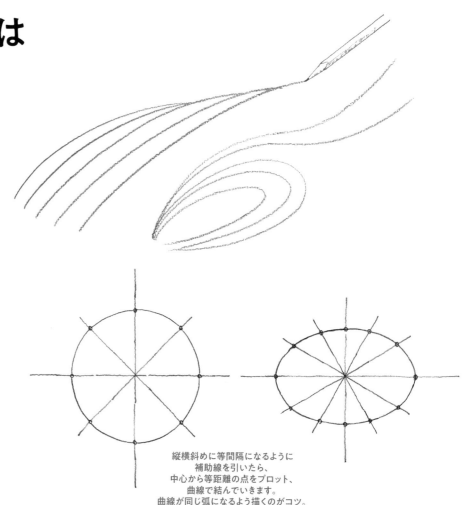

補助線をうまく使って描いてみる

弧をつなげていって
円にする

　フリーハンドで直線を引くことにてこずっているときは、曲線の方が簡単に描けると思うかもしれません。しかし、じつはなめらかな曲線を描くのは至難の業。ためしに円を描いてみてください。たぶん、思い通りのカーブにはならず歪んでしまうはず。初心者にとって曲線は曲者（くせもの）です。

　直線の引き方では、まず、線の起点と終点を意識してから引き始めるのでしたね。曲線も同じです。目指す一点を視野に入れながら、描くこと。いきなり真円を描くの

はむずかしいですから、円を八等分にする補助線を引いて、そこに通るべき位置をプロットしておきます。どうですか？　8分の1の弧ならたどりつけるでしょう？これを8回繰り返せば、円が描けます。

　楕円もやり方は同じです。こうして徐々に曲線が長く引けるようになるたび、補助線の数を減らしていけば、補助線なしで描けるようになります。描いている鉛筆やペンの先端を見ると同時に、描く全体を視野に入れておく。そういう目線の使い方も、スケッチには必要なので、ぜひ曲線を練習しながら、身に付けてください。

縦横斜めに等間隔になるように
補助線を引いたら、
中心から等距離の点をプロット、
曲線で結んでいきます。
曲線が同じ弧になるよう描くのがコツ。

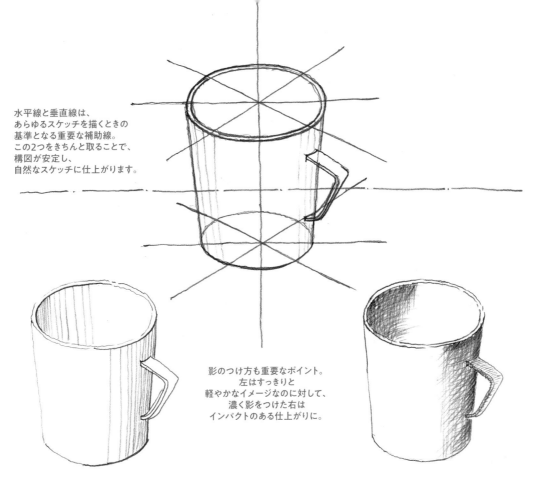

水平線と垂直線は、
あらゆるスケッチを描くときの
基準となる重要な補助線。
この2つをきちんと取ることで、
構図が安定し、
自然なスケッチに仕上がります。

影のつけ方も重要なポイント。
左はすっきりと
軽やかなイメージなのに対して、
濃く影をつけた右は
インパクトのある仕上がりに。

カップを描く

さて、円や楕円だけでは、飽きてしまうでしょうから、ここで実際にスケッチしてみることにしましょう。描くのは机の上にあるカップ。カップの口はほぼ真円で、しかも目の高さによっていろいろなタイプの楕円になります。またふちは厚みがあるので、二重の同心円を描く練習もできます。曲線の練習にはうってつけです。最初は補助線を有効に使って描きます。

カップは高さがあるので、口部分と底部分の2つの円を描かなければなりません。このとき、スケッチの命ともいえる重要な補助線が登場します。それは水平線と垂直線の2つ。

上段のカップの絵を見てください。カップは机の上にあるのですから、水平線を1本引きます。そしてカップの口の真下に底がくるように、真ん中に垂直線を引きます。つぎに曲線を描くための補助線を上（口）と下（底）に引いて結んでいけば、曲線を描くことができます。あとは、胴の直線と取っ手を描いて形の出来上がり。影をつければ、より立体的なカップに仕上がります。

思い通りの線を引くために
使う道具は

スケッチは、紙1枚と鉛筆1本あれば、どこでも描けるもの。
とはいうものの、描いていると、イメージにふさわしい線や色、
質感で表現したくなってくるのも事実。
ここでは代表的なスケッチ道具について、紹介します。

道具の個性を知って選ぶ

描きたいイメージに
マッチした道具を選ぶ

　1本の線を引くとき、それを描くもの——2Bの鉛筆なのか、万年筆なのかによって、描かれた線の表情は異なります。次のページの3枚の絵は、まったく同じ絵柄です。しかし、描く道具が違うと、異なるイメージを与えるのが、よく分かるはずです。描く対象からどのような印象を受けたのか、それを表現するために道具を使い分けるのも、スケッチ上達には欠かせない要素です。そして、イメージにあわせて道具を使い分けることも楽しみになってきます。とき

には、同じ題材を道具を替えてスケッチして、仕上がりの違いを実感するのも、いいと思います。ぜひ、いろいろと試して、自分らしい表現を見つけてください。

紙について

　スケッチのタッチは、何で描くかによってだけでなく、紙の材質にも左右されます。たとえば、ツルツルした表面で水を吸い込まないケント紙のような紙と、表面に凹凸があり水をよく吸い込むものでは、仕上がったときのイメージが正反対といってよいほど違ってきます。

[鉛筆] 子供のころから使っている一番なじみのあるもの。
芯の硬さや筆圧によって、線に表情を与えることができます。

[シャープペンシル] 同じ太さの線をたくさん描くときに便利。
細かく重ねて描くと、厚みのある表現に。

[ペン] インクを一定量ずつ紙に落として描いていくので、
正確な線が引けます。製図用ペン、マーカー、万年筆など
インクの出る量により、異なる表情を描くことができます。

[筆] 水彩の場合は水を使うので、
紙との相性を考慮する必要がありますが、
表現の自由度は高いので色付けには欠かせません。

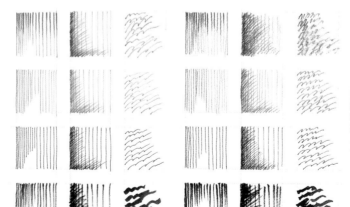

同じ道具でも、
紙が違うと線の
表情が違ってきます。
左はケント紙、右は画用紙で、
上から鉛筆、シャープペンシル、
ペン、筆で描いた線。

鉛筆だけで描いたスケッチ。
形、奥行き共に
一色の濃淡で表すので、
建物の形がわかりやすく、
全体的にシックな印象に。

鉛筆で描いた上に水彩で彩色。
一番オーソドックスなスケッチ。
水彩で彩色するときは、細かな部分を線で描きこまなくても、
色で表せるので、より自由に表現できます。

鉛筆で輪郭を描き、色鉛筆で彩色。
色鉛筆は塗り方のタッチで異なるニュアンスに。
手軽に彩色できるが、無造作な塗り方をすると、
きれいに仕上がらないので、注意が必要。

STEP 5
スケッチを描く道具たち

スケッチを描くというと、専用の道具が必要なのでは? と、思いがち。
でも、一番大切なのは、描きたい気持ちです。
ということで、筆者の愛用の道具をお見せします。

【グリッドフレーム】
（P.046参照）

【スケッチブック】

道具はシンプルに。これだけでOK

これらは、筆者が実際に使っている道具です。ここにあるものだけで、この本に出ているスケッチはすべて描きました。特殊なもの

は製図用ペンのロットリングで、これはなくても、スケッチは描けます。重宝しているのは、右から二番目の携帯用の水彩用筆。柄の部分に水を入れておけるようになっているので、戸外でのスケッチにもってこいなのです。どれも、

画材屋さんにそろっているものばかり。

意外と少ないと思われたのではないでしょうか? スケッチは描きたい気持ちさえあれば、描くことができるのです。道具がそろってないからというのは、言い訳になりません。

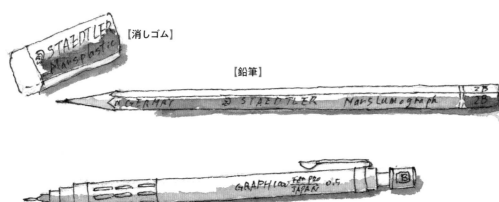

【消しゴム】

【鉛筆】

【シャープペンシル】

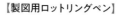

【製図用ロットリングペン】

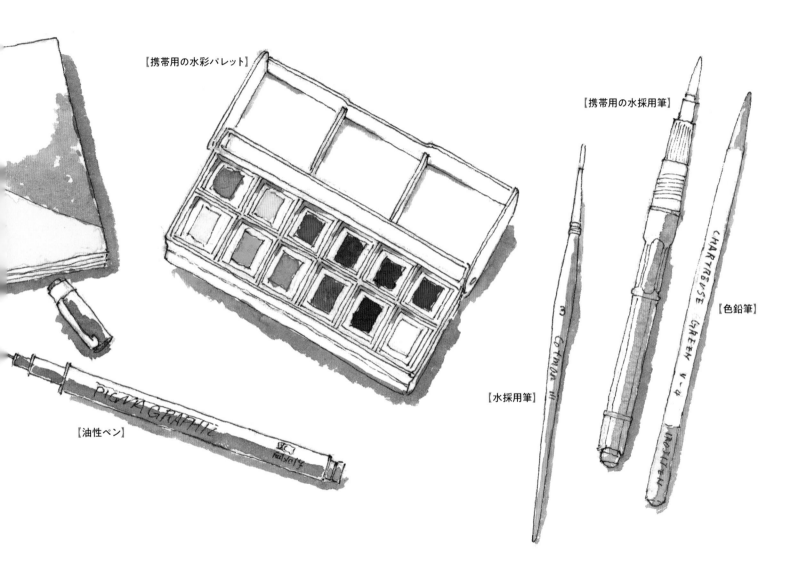

【携帯用の水彩パレット】

【携帯用の水採用筆】

【色鉛筆】

【水採用筆】

【油性ペン】

STEP **6**
スケッチに 行くときに 便利なツール

スケッチ上達の極意はたくさん描くこと。戸外でスケッチするときに役立つものを紹介します。

まず、服装は汚れても良いものを。地面に座ったり、絵の具がついたりするのが気になったら、スケッチに集中できません。また、長時間外にいるので、帽子も忘れずに。夏は日よけ、冬は防寒に役立ちます。

持ち物は、何でも放り込めるトートバッグと、整理して収納できるショルダーバッグの2つ使いがお勧めです。左側のものはトートに、右側のものはショルダーに納めるのが著者のスケッチスタイル。さあ、これで準備OK。では、行ってきます。

【水筒】
水か白湯を入れます。
のどを潤すのと、
水彩で描くとき両方のために。
ペットボトルでもOK。

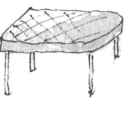

【組み立て式の
プラスチック台】
100円ショップで購入できます。
道具類を置く台として。

【単眼鏡】
描く対象の細かい部分を
確認するために。
詳細に描くということではなく、
省略するとき、その部分を
確認して描くためです。

【カメラ】
時間切れでスケッチが
完成できなかったとき、
家で続きを仕上げたいときに、
カシャッと1枚押さえておくと、
大いに助かります。

【折りたたみ椅子】
必需品ではないですが、
腰掛けるところがない場合に便利。
トートバッグに入るサイズのものを。
アウトドアショップにそろっています。

【お弁当】
スケッチに集中しているときは、
食事のために中断したくないもの。
手軽なおにぎりやサンドイッチ
がお勧め。

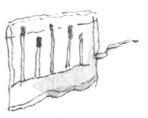

【筆入れ】
最近は巻物タイプの
筆入れが多く市販されています。
柔らかな布製が使いやすい。

【絵の具】
携帯用の固形タイプの絵の具は、
穂先に水を含ませた
筆で触れれば
色が作れるので、便利。

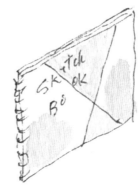

【スケッチブック】
自分にとって描きやすいことが大切。
必ずしも高いから
描きやすいとはいえないし、
気軽にスケッチするには
リーズナブルなもののほうが
お勧めです。

【グリッドフレーム】
構図を確認したり、
初心者にはむずかしい
奥行き線をみつけるためのツール。

【ティッシュ】
水彩で描くときに筆を
拭いたりするのに使います。

【磁石】
描く対象の方角を知るのに便利。
太陽の位置は刻々と
変化するので、
陰影をつけるときに役立ちます。

まず何を
スケッチするか

描くためには、よく見なければなりません。
すると、すぐに気がつくはず。
今まで、なんていい加減に見過ごしていたかと。
スケッチは、ものをよく見ることから始まるのです。
まずは、身近な小物をスケッチしてみましょう。

机の上の小物たちを描いてみる

　正確に描くというより、見た目
の印象を紙に写していくつもりで、
補助線を引いたり、何本も線を重
ねたりして、形にしていくうちに、
必要な線がすっと引けるように、
必ずなります。

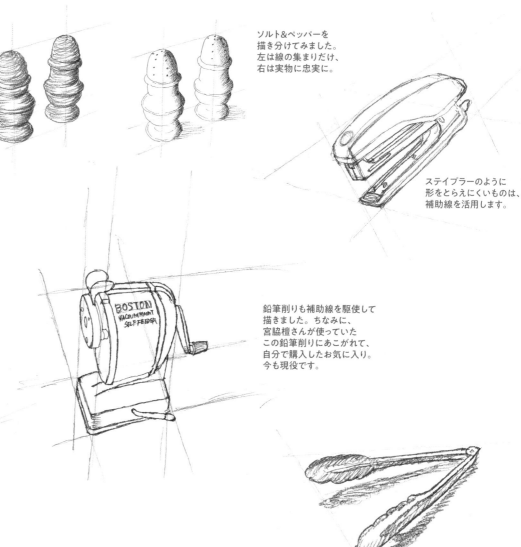

ソルト＆ペッパーを
描き分けてみました。
左は線の集まりだけ、
右は実物に忠実に。

ステイプラーのように
形をとらえにくいものは、
補助線を活用します。

鉛筆削りも補助線を駆使して
描きました。ちなみに、
宮脇檀さんが使っていた
この鉛筆削りにあこがれて、
自分で購入したお気に入り。
今も現役です。

鉛筆で描いた眼鏡。
陰を意識して形にしています。

パスタ料理のときに活躍する
トングは陰影で、
茹で上げたパスタを
しっかりとはさむ力強さを
描きました。

ボールペンで描いた
シャープペンシル。
最初は何本も線を重ねて
形を見つけていき、次に、
なるべく少ない線で描いてみました。

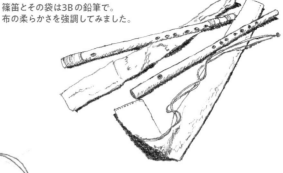

篠笛とその袋は3Bの鉛筆で。
布の柔らかさを強調してみました。

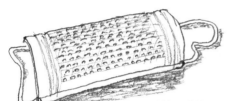

チーズ削り。曲線の形と、
突起が整列している様子を
シンプルな線で表現しています。

P.015でも登場したマイマグカップ。
コースターも描いて、
変化をつけてみました。

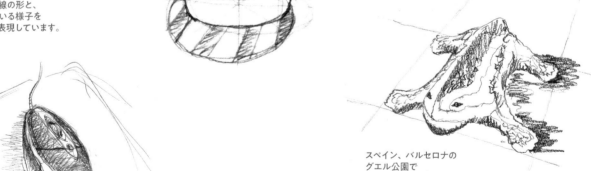

シャープペンシルで
マウスを描いたら、
なかなか形にならず
何本も線を重ねて、ようやく
マウスらしくなりました。

スペイン、バルセロナの
グエル公園で
記念に買い求めた置物。
2Bの鉛筆で
柔らかなニュアンスに。

形をとらえて
輪郭線で描いてみる

P.007で、私たちは形を輪郭で認識していると述べましたが、その輪郭をなぞることで形を描くことができます。

その1本の線を、何本も引いた線から見つけ出して、なぞってみましょう。それを繰り返すうちに、1本の輪郭線が描けるようになります。

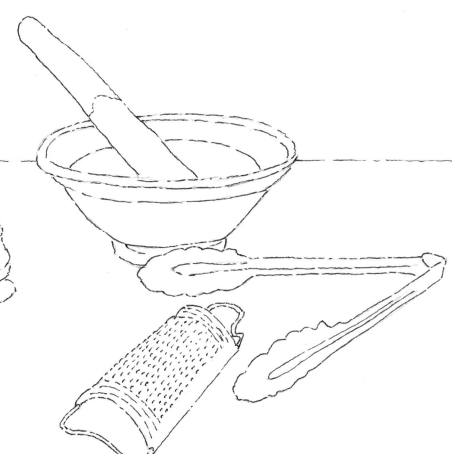

我が家のキッチンで
出番の多いものベスト4。
すり鉢とすりこ木、
トング、チーズ削り、ソルト＆ペッパー。
輪郭だけで描くと、
より形が鮮明になります。

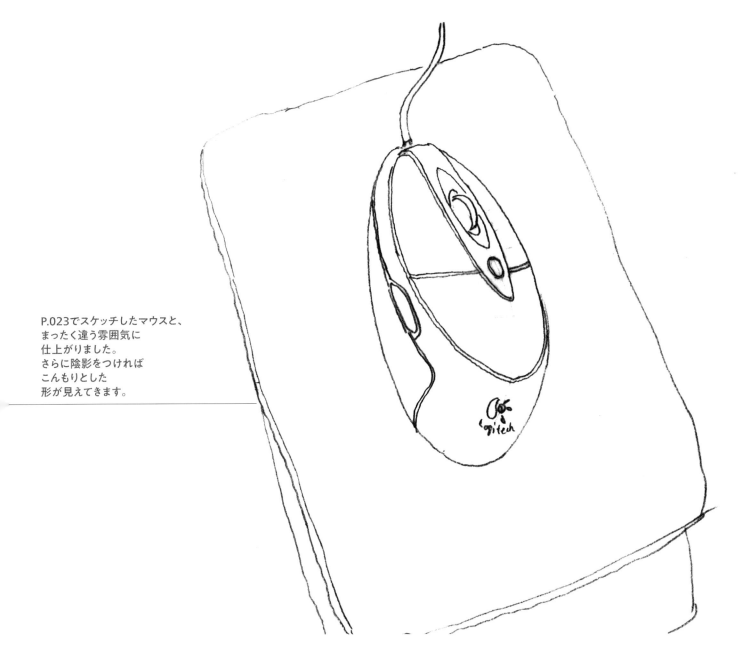

P.023でスケッチしたマウスと、
まったく違う雰囲気に
仕上がりました。
さらに陰影をつければ
こんもりとした
形が見えてきます。

スケッチの
基本的な考え方とは

遠近法でスケッチすることをわかりやすく例えると、
窓ガラスを通して見る外の風景を
そのまま窓ガラスに写し取ること。
そう解説したのは、16世紀の画家、
アルブレヒト・デューラーです。

線遠近法を理解する

線遠近法に基づいて
透視図を描く

　本来、スケッチとは対象を見たまま、素直に描写すること。ですが、言うは易し、行うは難し。初心者にとって、画用紙にスイスイとペンを走らせるのは、至難の業です。

　立体的な建物や風景を、平面の紙の上に描くテクニックとして、16世紀にデューラーが遠近法による方法を研究、書籍に著しています。その原理を理解して応用すれば、簡単に目の前の対象を紙に描くことができます。

　そして、そのとっておきのツー

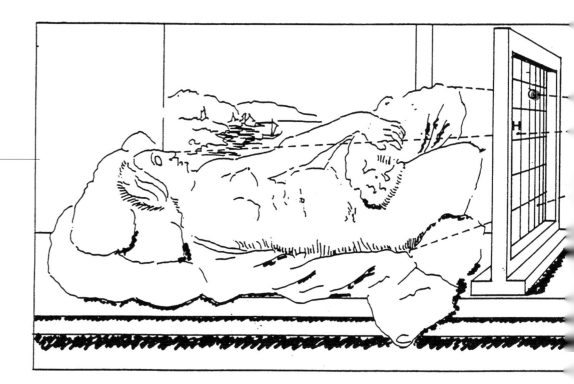

ルが、"グリッドフレーム"です。画角の縦横に平行かつ等間隔に目盛り線が入っている"グリッドフレーム"は、描く対象をフレームを通して見ることで、目盛り線を手がかりに、見たままを忠実に紙

に写し取るためのツールです。

Step9（P.028）では、実際に"グリッドフレーム"を使う前の腕慣らしとして、写真に直接グリッドフレームと同じ方眼を描き込んで、それをスケッチしてみます。

やり方はとてもシンプル。まず、スケッチしたい写真に方眼に線を描き入れ、縦・横同比率の方眼を引いた画用紙を用意します。方眼の線を手がかりに、目安になる点をプロットしていき、点と点を線で結んでいけば、写真と寸分たがわぬスケッチに仕上がります。

Step10（P.034）では実際に"グリッドフレーム"を使って建物の正面を、Step11（P.040）では庭や周囲の背景を含めた建築をスケッチしてみましょう。

案ずるより産むが易し。

では、順を追ってトライしてみましょう。

『測定論』（デューラー著1525年刊）より、
線遠近法の原理と描き方の解説図。
描く対象との間に、縦横等間隔に
糸を張った枠を設置する。
描き手は、固定した視点から
その枠を通して対象を見ることにより、
枠に張った糸と糸で区切られた
升目を手がかりに、同じ升目を描いた画用紙に、
見えた位置をそのままプロットしていけば、
自然にスケッチを描くことができる。

column

遠近法を科学的に解説した「アルブレヒト・デューラー」

ドイツ絵画史上最大の画家と評されるアルブレヒト・デューラー（1471年〜1528年）は、金細工師の息子として生まれ、十代半ばで画家を志しました。そのころルネッサンス全盛だったイタリアへ修行に行き、レオナルド・ダ・ヴィンチに大いに触発され、遠近法などの絵画技術や科学知識を精力的に学びました。帰国後は、版画家としても活躍。大作を手がける合間に、デッサンや水彩画など、当時は見向きもされなかった手法でも数多く作品を手がけました。その代表作が2種類の水彩絵の具を駆使して描いた「野兎」で、息遣いが聞こえてきそうな生命感あふれる描写は、今も多くのファンをひきつけてやみません。晩年、それまでの絵画技術を後世へ伝えるために『測定論』や『人体均衡論』を著わしました。

写真（平面）を
スケッチする

デューラーの線遠近法を踏まえて、方眼の線をガイドに
写真をそのまま画用紙にスケッチ。
写真（平面）を画用紙（平面）に写して、コツをつかみましょう。

　屋根の重なりがリズミカルな遠近感を感じさせる、イベリアの家並みの写真をスケッチしてみましょう。

　3cmくらいの方眼を直接写真に書き込み、縦横同比率の方眼を画用紙にも（後で消せるように鉛筆で）引いておきます。

　スケッチするときに、最初に決めなければいけないのは、どこに構図のポイントをおくかということ。この写真でいえば、中央から右寄りの、片流れ屋根の家のあたりになります。

　が、グリッドフレームで描くときに最優先させなければならないのは、「方眼の線上にプロットできる点を見つける」ことです。その観点から写真を眺めると、左寄りの屋根の、三角に尖ったA点が、まさにプロットするべき点になります。その次にプロットするのは、軒先のB点、次いで棟の手前のC点。この3点を結べば、屋根の片側の輪郭は出来上がり。面ができたついでに、瓦の重なりや厚みもざっと描き入れます。どうですか？　方眼の升目しかなかった画用紙の上に、屋根が見えてきましたね。

　このように方眼の線上に重なる点を見つけて、正確に画用紙に描き写し、線で結んで面になったら、その面のニュアンスもさくっと描

Casares Roofscape『IBERIAN VILLAGES SILENT CITIES』by Norman F Carver, Jr.

いておく。地道にこれを繰り返していけば、正確なスケッチが出来あがります。

　間違っても、点をすべて打ってから線で結ぼうとしないこと。途中で投げ出したくなります。最小限3点をプロットできれば、壁や屋根の面となって浮き上がってきます。大まかに形になる点をつないだら、細かなところ、たとえば、瓦や窓などは、見たままを描きましょう。

　こうして鉛筆での下書きができたら、後はペンでなぞってインキング仕上げを施し、色を加えれば、スケッチ完成です。

"グリッドフレーム" を写真に直接描きこむ

イベリア地方特有の白い漆喰壁に、
テラコッタの瓦屋根を載せた
家が重なり合い、
そこへ南欧の強い日差しがドラマチックな
コントラストを与えています。
スケッチでは、写真の右端の空間は
あえて割愛し、ランダムな家並みだけを
描くことにします。

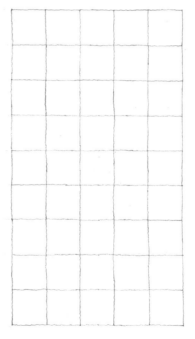

ガイドになる点を
プロットし、線で結ぶ

スケッチの主題と、
グリッドフレームで描くとき
最優先すべきプロットしやすい点の、
両方を勘案して、
画角の中心に近い方眼線上の
ポイントA点を見つけます。
次にA点につながる線の
先端B点をプロットして、
結んでいきます。

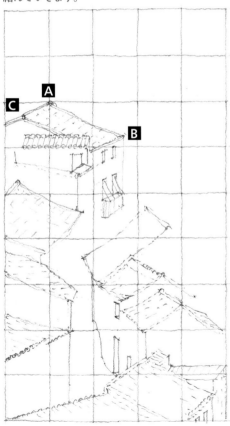

面ができたら、
表情を描き加える

線で囲まれて輪郭ができたら、
必要に応じて
その部分のニュアンスも
さっと描き入れていきます。
瓦の重なりを破線で入れただけで、
屋根に立体感が出てきます。

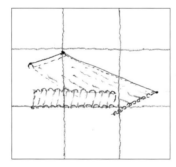

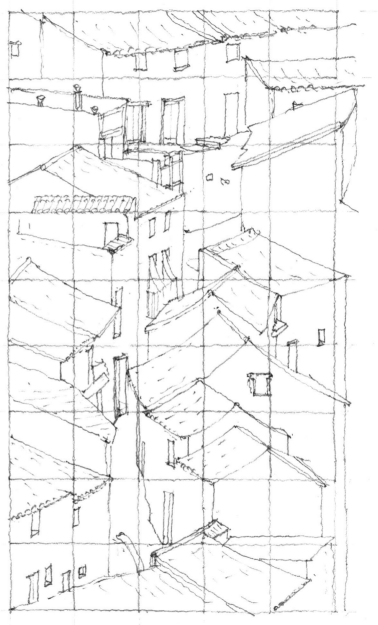

下書きをペンで なぞる(インキング)

鉛筆で下書きができたら、
ペン入れです。
下書きを忠実になぞります。
描くものによって、
ペンの太さを変えると、
表情豊かなスケッチに。
ペン入れができたら、
下書き線は消しゴムをかけて
きれいに消します。

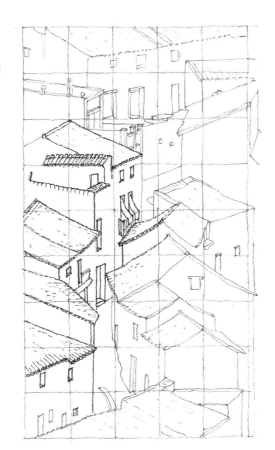

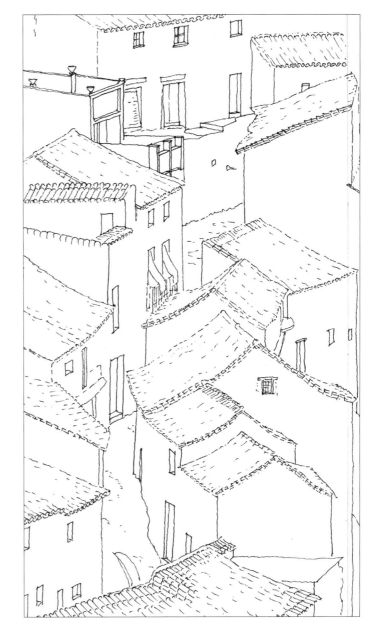

絵の具で彩色する

水彩絵の具で色づけします。
全体に色を塗るのではなく、
必要な部分にだけで十分です。
彩色は広い部分から狭い部分へ、
また、淡い色から濃い色へが、鉄則。
最後に、少し遠目から眺めてみて、
メリハリをつけます。
この場合、影になっている白壁や道、
屋根に色を重ねて
コントラストを強調します。
屋根はグラデーションをつけて、
そり気味の勾配を表現しました。

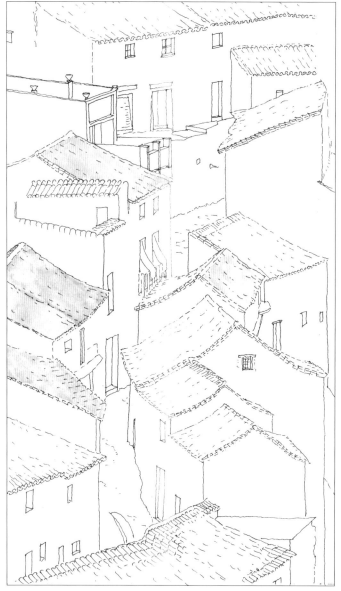

POINT **1** 画面の中央から、
もしくは構図の
ポイントから
描きはじめる。

POINT **2** ときには
線を省略して、
全体をバランスよく
構成する。

{ **Sketch Point** }

POINT **3** インキングは、
ポイントになる
部分だけ
細かく丁寧に。

POINT **4** 全体に彩色する
必要なし。
メリハリ感を
意識して。

POINT **5** 最後にスケッチを
遠目でチェック、
影を強調して
立体的に。

建物（立体）を
スケッチする

いよいよグリッドフレームを使ってのスケッチにトライしましょう。
建築スケッチの基本、建物正面を描いてみます。
描くのはジョサイア・コンドルが手がけた
旧古河庭園の洋館（大谷美術館）です。

まず、スケッチの構図を決めます。
利き手と逆の手で持ったグリッドフレーム越しに、
スケッチする建物を片目で見ます。

グリッドフレームの升目を使って、
建物正面が中央にくるように構図を決めます。

建物の正面を捉えた立面図に奥行きをプラスした、1点透視図法（P.106参照）は、立体のスケッチの基本。ここでは、グリッドフレームの使い方をマスターすると同時に、実際にスケッチするときのポイントもしっかり身につけましょう。そうすれば、いずれグリッドフレームに頼らなくてもスムーズに描けるようになっていることに気付くはずです。

| column 初心者の強い味方、グリッドフレーム

ここで使用しているグリッドフレームは、筆者が手作りしたもので、縦横同寸に正方形の升目が切ってあります。理由は、正方形だと縦、横ともに同縮尺で、プロットする点が見つけやすいからです。

点が見つけやすければ、その分、スケッチに集中でき、結果的に手早く描きあげられます。画材として市販されているデッサンスケールを使用してもかまいません。ただし、画用紙やキャンバスのサイズに合わせて、横長

のB判やF判になっています。正方形のグリッドフレームの作り方をP.046で紹介してありますので、手作りしたい人はぜひ、参考にしてください。自作した道具は手になじみ、使い勝手も抜群です。

（Vanishing point）といい、たとえば、目の前にまっすぐに延びる線路があって、2本のレールが地平線で1点になって消える。これが消失点です。

　奥行きは、建物の側面の軒や窓の線で表します。今回描く旧古河庭園の洋館は、筆者の立っている庭からは3m近く高い位置に建っているので、水平線は階段の中段からやや上、消失点はその水平線上の階段中央にくるはずです。

　水平線と消失点を描き入れたら、グリッドフレームを使って手がかりとなる点を画用紙に落とし、構図の基準となる建物のアウトラインを描きます。このようにまず対象の輪郭を大まかに写し取ったら、後は、ときどきグリッドフレームをかざし、確認しながらディテールを描きこんでいってください。グリッドフレームは軽いですが、ずっとかざしているとけっこう疲れます。これが、グリッドフレームの正しい使い方です。

建物正面を描く

　まず、スケッチに出かける前の準備として、グリッドフレームと同じ比率の方眼を、画用紙に鉛筆で描いておきましょう。

　今回は正面を描きますから、建物に正対する位置に立って、グリッドフレームをかざし、納まりのいい構図を探します。このとき、グリッドフレームは利き手とは反対の手で持ち、片目だけで見ます。デューラーの遠近法（P.026）を思い出してください。固定した1つの視点から、グリッドフレームを通して対象の形を捉えるのが、大前提でした。両目で見ると、視点が2つになるので、肝心の対象がブレてしまいます。

　構図が決まったら、いよいよ画用紙に描いていきます。

　一番最初に描くのは水平線です。

Chapter3で詳しく説明しますが、スケッチで大切なのは、視点です。自分がどの位置から対象を見ているか、これがスケッチの肝です。逆にいえば、水平線さえしっかりと捉えられれば、自然にスケッチが出来上がります。自分の目の高さ、身長170cmなら、地上150cmくらいの高さになります。その平行な奥行き線はすべて水平線上に集約されます。この点を消失点

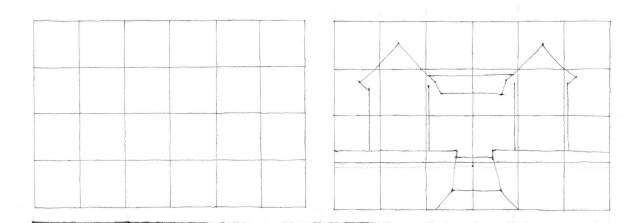

グリッドフレームの
升目を手がかりに
建物の輪郭線を描く

まず、画用紙に基準となる水平線と
消失点を描きいれます。
次に、構図の大枠となる建物や庭などの
アウトラインを描いていきます。
グリッドフレームで描くべき点をみつけて
線で結んでいきます。
輪郭が見えてきたら、あとは必要に応じて
グリッドフレームで確認しながら、
ディテールを描いていきます。
が、あくまで下書きなので、
後でペン入れするときの
手助けになる程度で十分です。

インキングも基本的には下書きと同じ手順で

ペンで鉛筆の下書きをなぞるときも、
まずアウトラインを仕上げます。
ただし、必ず目で見て
実物を確認するのを忘れずに。
大まかに形が描けたら、
順に部分を仕上げていきます。
インキングでも、あまり細かく
描き込みすぎないほうがいいと思います。
雰囲気が伝わる程度に、
必要最小限の線で描くのがスケッチ。
選びぬいた線にこそ、
描く人の個性が現れるのです。

彩色する

彩色も、やりすぎないこと。色数をしぼり、
濃度も抑え気味のほうが
洗練された印象に仕上がります。
白地部分があるほうが、
スケッチ全体が引き立つ
場合が多いのです。
旧古河庭園洋館の外壁の石積みも
色の濃淡だけで十分伝わります。

ワンランク上を
目指して、
個性を
表現するには

P.035のスケッチでは、
光の当たっている面をあえて
白く残してみました。
壁を前面塗りつぶした
この仕上がりと比べてみると、
建物のもつ立体感が強調されて、
旧古河庭園洋館の持つ風格のある
雰囲気が伝わってくると思います。

POINT **1** 下準備として画用紙に、グリッドフレームと同比率の方眼を鉛筆で描いておく。

POINT **2** 構図を決めるには、グリッドフレーム越しに対象を、片目で見る。

POINT **3** 自分の目の高さの水平線を引き、水平線上に消失点を見つけておく。

{ Sketch Point }

POINT **4** 建物の輪郭を、グリッドフレームを使っておおまかに写していく。

POINT **5** ディテールは、時々グリッドフレームで確認して描いていく。

POINT **6** インキングも同様に、おおまかな輪郭を描いてから、細かな部分へ、が鉄則。

STEP 11

風景（空間）を
スケッチする

ここでは、より広い空間のスケッチにトライしてみましょう。
建物だけでなく、植え込みや庭といった
周囲まで描きこむことは建築スケッチではよくあります。
より大きなスケール感で捉えて描くことを心がけてください。

スケッチする位置は
建物に向かって
右斜め前方。

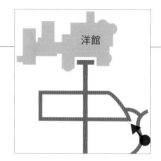

回遊式日本庭園へと続く
小道から洋館を臨む構図には、
画面右奥の洋館へと
たどっていく動きが
感じられるとともに、
手入れの行き届いた
庭園の様子も
伝えることができます。

今回使うグリッドフレームは、
水平線と垂直線だけのシンプルな
タイプです（グリッドフレームを
手作りすると、升目を自由に設定
できます）。風景のような、大き
な空間をスケッチするときは、全
体を大胆に、バランスよく捉える
ことが大切です。それには、あま
り細かなグリッドスケールは向き
ません。

スケッチで大切なのは、水平線
と消失点でしたね。その2点をし
っかり押さえたら、あとはのびの
びと描きましょう。

風景をスケッチするときには、
升目の大きなグリットフレームで、
構図をおおらかに
捉えるようにしましょう。

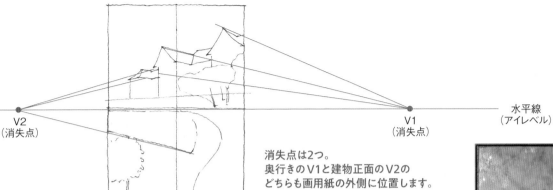

V2
（消失点）

V1
（消失点）

水平線
（アイレベル）

消失点は2つ。
奥行きのV1と建物正面のV2の
どちらも画用紙の外側に位置します。
慣れれば、見当がつけられるようになります。

グリッドフレームを通し
て構図を決めます。

水平線と消失点を設定する

　基本的にはグリッドフレームの横の線を水平線に、縦線との交点を消失点として構図を決めるのが描きやすいですが、収まりすぎて面白みに欠けてしまうかもしれません。そういう場合は水平線や消失点をずらすのもよい方法です。

　そこで印象的な構図作りということを念頭に、Step10で正面を描いた旧古河庭園洋館を違う角度から描いてみることにします。

　建物正面のバラ園の横手から日本庭園へと下って行く小道の途中で、洋館を斜め横から見てみました。正面の小道がゆるいカーブを描き、そこから右奥の洋館へと階段が続く、求心的な構図です。

　Step10で描いた建物正面のスケッチに比べると、坂を下った分視点（水平線）は、建物正面の階段の下から3分の1あたりになります。

　洋館を斜め横から見ているので、奥行きは建物の側面だけでなく、建物正面のラインにも現れます（図参照）。つまり、側面の平行線が収束する消失点（V1）と、建物正面に平行な線が収束する消失点（V2）の、2つの消失点が水平線上にある構図になります。

　これがいわゆる2点透視図です。どちらの消失点も、描く画用紙の外に位置します。慣れないときは、スケッチブックを広げて消失点の位置をマークしておきましょう。慣れてくれば、消失点を描きこまなくても、目見当でスケッチでき

るようになります。

　水平線と消失点を設定したら、まず構図の基本となる洋館の輪郭を描きます。次に建物に近い中景、手間の近景へと描き、最後に遠景へと描き進みます。こうすると、全体をバランスよく描くことができます。

　インキングも同じ手順で描いていきます。このとき、単に下書き線をなぞるのではなく、実際の風景を再度確認しながら、必要に応じて修正して描きこんでいくと、完成度がアップします。

　彩色もP.032で説明したとおり、淡い色から載せていきます。まず、構図の中心の建物から、一番淡い茶を塗ります。次に、庭の緑も目立つところから順に淡い色で着彩します。全体のバランスを眺めな

がら、徐々に色を濃く載せていきますが、このとき陰を表現するつもりで色を重ねていくのが、コツです。

　また、風景の緑は遠いところは青みがかった淡い色に、近くになるほど黄味寄りの緑を強めにすると、自然な遠近感が表現できます。

下書きは中心、
近景、遠景の順に

まず、主役である建築から描き始めます。
下書きは、描きたいテーマに沿って、
構図に狂いが生じないようにする
アタリをつけます。
描きながら構図をグリッドフレームで
確認するときも、
基準となるのは建物の輪郭です。

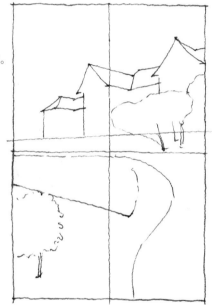

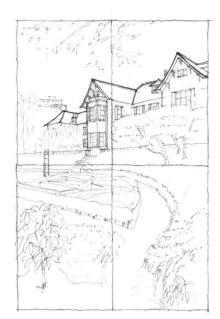

修正しながら
インキングで線に
生命を

下書き線をなぞりながら、
実物と見比べます。
たとえば、建物は石造りの
力強さをきっぱりとした直線で、
花壇の植え込みはソフトな
タッチの波線で描いたほうが、
きれいに刈り込まれた
葉の様子が表現できます。
そういう風に、線に命を
与えるのがインキングです。

淡い色を重ねて、
陰をつけていく

彩色も、まずテーマの建物から。
色は引き算できないので、
最初はごく薄い色から塗っていきます。
周りの緑も、ポイントになる部分に、
淡く色を置いてみます。
ときどき画用紙をはなしてみて、
少しずつ色を重ねていきます。
このとき、陰をつけるつもりで
色を加えていくのが、コツ。
また、遠くの木々ほど、色を淡く、
青み寄りに、近くなるにつれて濃く、
黄みがかった色に描くと、
遠近感が表現できます。

{ Sketch Point }

POINT 1
印象的な
スケッチにするには、
水平線と消失点の
位置の取り方が
ポイント。

POINT 2
主題の建物の
輪郭全体を
グリッドフレームで
正確に写し取る。

POINT 3
下書きも
インキングも中景、
近景、遠景の順で
描いてバランスの
よい構図に。

POINT 4
細かなところは
インキングで
目視確認しながら、
臨機応変に
修正する。

POINT 5
彩色は、遠くは
青みがかった
淡い色で、
近くほど
くっきりとした色で、
遠近感を演出。

さらっと
描いたように
見せるには

余分な線もなく、白地も多い。
空など屋根の際に
薄い青がぼかしてあるだけです。
スケッチは、
手早くあっさりと
描くところがよいのです。
慣れないうちは
つい描きこみすぎてしまうのですが、
何枚も描くうちに
ペンやブラシの止め時が、
わかってきます。
あきらめないで、描いてください。

グリッドフレームを手作りする

この章で紹介したグリッドフレームを作ってみましょう。
用意するものは、厚紙、下書き用紙、透明な塩ビ板、金定規、カッター、ラインテープ、セロテープです。
グリッドフレームの大きさは自由ですが、
だいたい15cm×11cmぐらいが持ち運ぶのにも手ごろでいいと思います。
紙や塩ビ板は仕上がり寸法よりも大きめ、だいたいA5サイズがあれば、十分です。
作り方は簡単。厚紙で作ったフレームに、
ラインテープを貼ってグリッドを入れた塩ビ板を固定するだけです。
風景で使った水平線と垂直線だけのグリッドフレームなら、もっと簡単です。

厚紙

塩ビ板に線を引くのは
むずかしいので、
下書き用の紙に
グリッド線を引きます。
2cm角で縦4コマ、
横6コマが使いやすいサイズ。

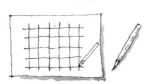

塩ビ板

金定規

カッター

ラインテープ

セロテープ

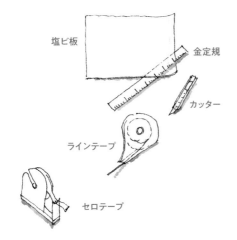

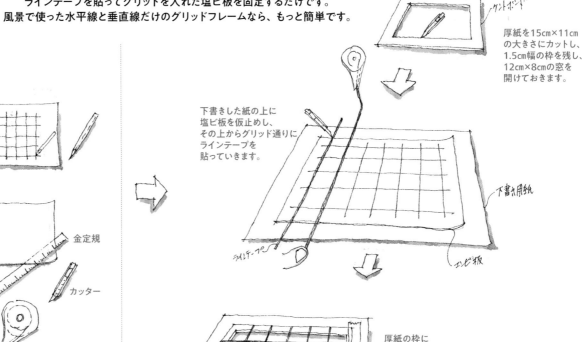

ケントボンド

厚紙を15cm×11cm
の大きさにカットし、
1.5cm幅の枠を残し、
12cm×8cmの窓を
開けておきます。

下書きした紙の上に
塩ビ板を仮止めし、
その上からグリッド通りに
ラインテープを
貼っていきます。

下書き用紙

ラインテープ

エビ板

厚紙の枠に
ラインテープを貼った塩ビ板を
セロテープで貼れば、
出来上がりです。

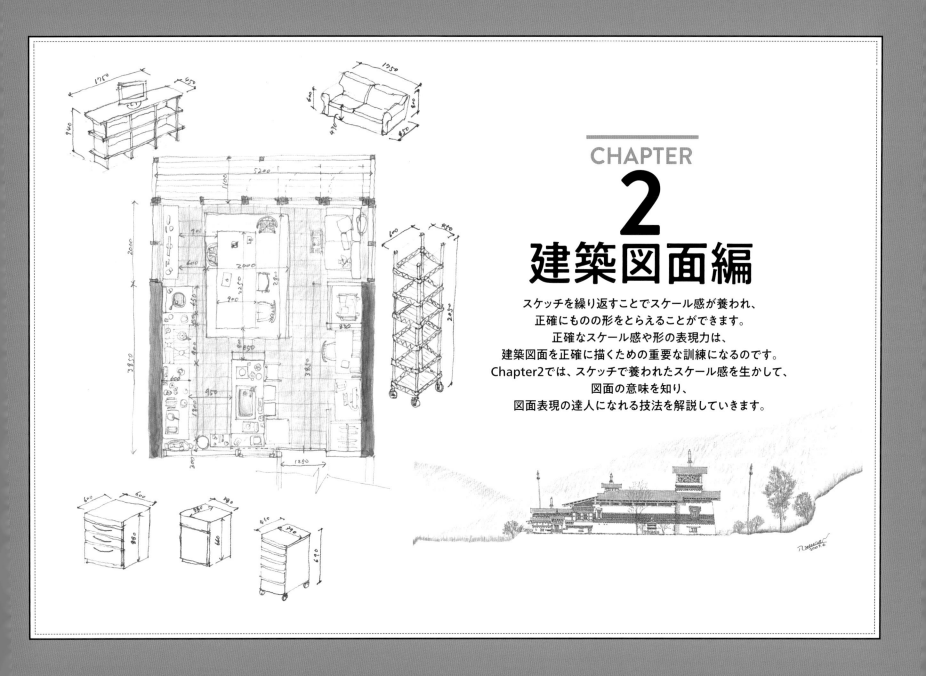

CHAPTER

2
建築図面編

スケッチを繰り返すことでスケール感が養われ、
正確にものの形をとらえることができます。
正確なスケール感や形の表現力は、
建築図面を正確に描くための重要な訓練になるのです。
Chapter2では、スケッチで養われたスケール感を生かして、
図面の意味を知り、
図面表現の達人になれる技法を解説していきます。

STEP **12**
建築図面とは

なぜ図面を描くのかを理解するために
建築図面の意味を考えてみましょう。

ものを作るために描かれる図面

ルールに則って描く

　図面はものを作るために描かれるものです。スケッチと違って、目の前のものを描くのではなく、頭の中にイメージされたものを具体的に作るために、描くものなのです。絵として描かれたものは、寸法、縮尺がありませんから、そのスケッチからものを作ることはできません。ですから、図面は一定のルールに則って描かれなければならないのです。

　しかし、その図面にも作りたいと思った人の思いが表現されると、よりイメージに合ったものが作られていきます。特に建築の場合は考える人（建築家）と造る人（施工者）が違う場合がほとんどですから、考えた人がその思いが伝わる図面を丁寧に描けば描くほど良

いものを作ってもらうことができます。ですから、図面表現もいろいろな方法を学ぶことが大切になるのです。

ビジュアル優先の
透視図（パース）と
サイズがわかる投影図

　図面表現を説明する前に、まず、透視図と投影図の違いについて、説明しておかなければなりません。透視図は読んで字のごとく、目で見たままの立体を2次元の紙の上に描いたものです。透視図は、対象を見えた通りに紙の上に描くので、奥行き線はすべて消失点へと集約します。見かけの線であるがゆえに、正確に寸法を反映することはできません。

　それに対して、投影図は、物体を描くときに、はるかかなたから

の見え方、例えるなら、太陽光線のように、地上に平行に届く光によって投影された点を、正確に紙に写し取り、線で結んでいきます。縮尺してあっても、実際の寸法と同じ比率になっているので、簡単に寸法を得ることができます。しかし、透視図のように立体として1枚に描くことはできないので、建築の全容を表すためには、配置図、平面図、立面図、断面図の4つの図面が必要になります。

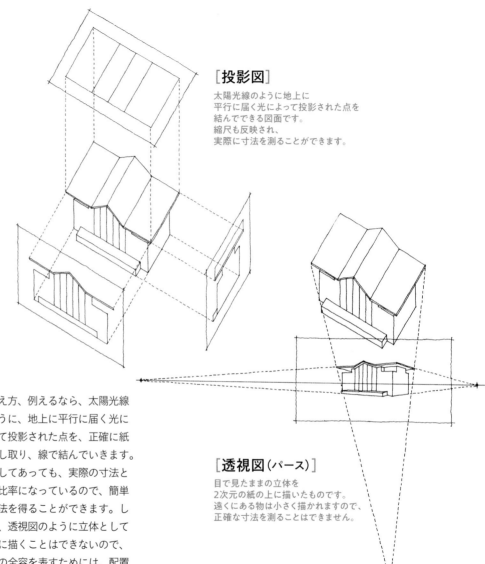

[投影図]

太陽光線のように地上に
平行に届く光によって投影された点を
結んでできる図面です。
縮尺も反映され、
実際に寸法を測ることができます。

[透視図（パース）]

目で見たままの立体を
2次元の紙の上に描いたものです。
遠くにある物は小さく描かれますので、
正確な寸法を測ることはできません。

[屋根伏図（配置図）]

[断面図]

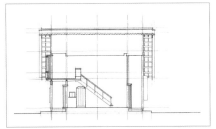

[立面図]

[平面図]

[屋根伏図（配置図）]

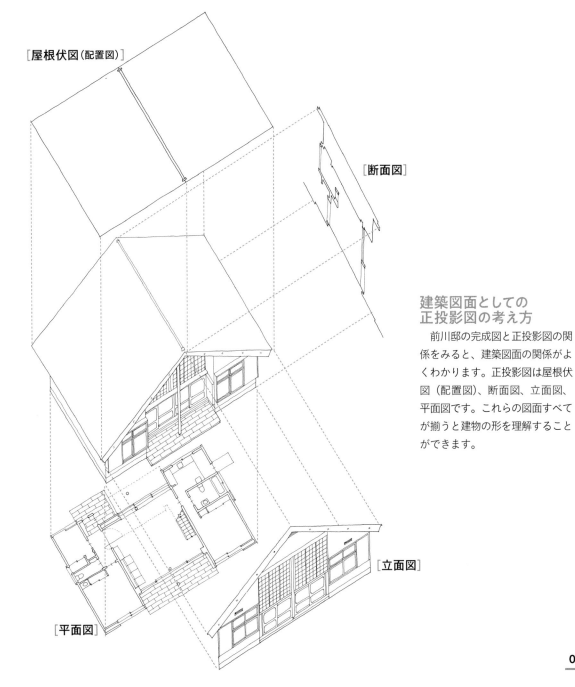

[断面図]

[立面図]

[平面図]

建築図面としての正投影図の考え方

　前川邸の完成図と正投影図の関係をみると、建築図面の関係がよくわかります。正投影図は屋根伏図（配置図）、断面図、立面図、平面図です。これらの図面すべてが揃うと建物の形を理解することができます。

建築図面の種類と役割は

建物を実際に建てようと思うと、色々な角度から表現をしなくては
相手に理解してもらうのは難しいのです。
そこで、その役目に応じた図面が必要になり、
その描き方を学ばなければなりません。

一般に建築図面といわれるのは、立面図、平面図、配置図、断面図の4種類のセットです。中でも、建物の顔ともいえる、正面を描いたものが立面図です。どんな建築なのか、全体のコンセプトを第一印象として伝える図面です。

一般の建築図面は立面、平面、配置、断面の4点セット

水彩で描いた、実際の印象に近い図面です。
千葉県八街に設計した住宅で、
山の斜面を切りとった敷地なので、
背面は3mの崖に面しています。

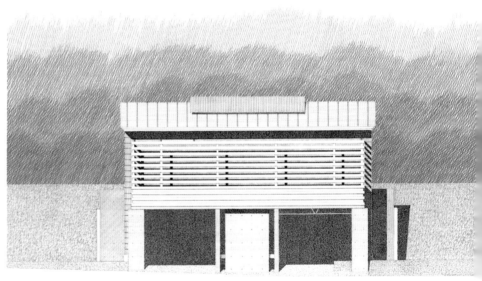

左と同じ立面図を、
製図ペンとカラーインクで描いたものです。
描く道具を変えるだけで、
ずいぶんとイメージが
違ってくることがよくわかります。

屋根伏図といわれる図です。
建築の真上を飛んでいる
鳥から見た視点で描かれています。
いわゆる鳥瞰図です。
（江戸東京たてもの
園内前川國男邸）

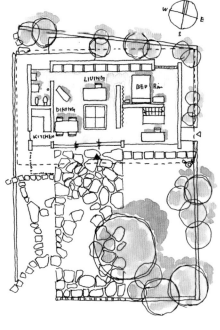

平面図です。
建物の内部の機能を示す図です。
一般的に建築の図面というと
平面図を指すことが多く、
いわゆる間取り図と
いわれるものです。
（清家清邸）

「私の家」Kiyoshi Seike 1954

建物の空間の大きさを表すのが、
この断面図です。
インキングしてから色鉛筆で
室内空間と外部空間を彩色し、
建物の構造部分は
白抜きで表しています。
（江戸東京たてもの園内前川國男邸）

図面を描く
道具は

最近の建築図面は、
CADといわれる製図ソフトを使って、
コンピューターで描くのが主流です。
しかし、初めは手描きで、
体にスケール感をたたき込む必要があります。
手描き用の製図道具は、すこしずつ
改良されて描きやすくなってきてはいますが、
基本は、製図板に紙を貼って
定規を当てて描くことには代わりはありません。

【ドラフティングテープ】
図面を製図板に固定するテープ。
セロテープよりも
少し粘着力が弱く、
図面を傷つけずに
はがすことができます。

【三角スケール】
6種類の縮尺が刻まれた定規で、
製図には欠かせないツールです。
10cm、15cm、30cmと
サイズがいろいろあります。

【芯研器】
ホルダーの芯を削る器で、
回転させて削り、
その回転で芯の太さを
調整します。

【勾配定規】
角度調整が自由自在の
三角定規です。

【T定規】
水平の線を引くためのものですが、三
角定規、勾配定規を
固定するためのツールとして
必要不可欠なものです。
T定規を外せば、製図板は
通常業務の机に
早変わりするので、便利です。

【コンパス】
円を描くツールですが、
製図用のコンパスは
アタッチメントを選ぶことで、
長さやペン先を選べ、
自在に使えます。

【ロットリング(製図ペン)】
製図の最終段階のインキングに使い
(P.018参照)、
極細から極太まで細かい段階で
線の太さを選べます。

【平行定規】
T定規が製図板に
固定されたものです。
定規が固定してありますので、
正確な平行線が描けますが、
机として使用する場合は
平行定規が少し邪魔になります。

【刷毛（製図用ブラシ）】
消しゴム、鉛筆のかすを
図面から除くもので、
鳥の羽でできているものもあります。
図面が汚れないようにする
必須アイテムです。

【字消し板】
消したい部分に板を当てて、
ピンポイントで線を
消すツールです。

【消しゴム】
細かい線を消す場合が多いので、
意外と小さめのものが便利で、
柔らかめの、細身のものが
ベターです。

【芯ホルダー】
各種の濃さの鉛筆の芯をいれて
描けるツールで、
筆圧や芯の削り方で
線の表現を変えられる鉛筆です。

【自在定規】
自分で自由な曲線を
引く時に使うツールです。

【パソコン】
CADといわれる製図ソフトを使えば、
図面が汚れたりすることなく
描くことができますし、
作成したデータを他の図面に
流用したりすることもできます。

【雲形定規】
いろいろな半径を持つ曲線で
創られた、曲線を描くツールです。

【テンプレート】
いろいろな図形を切り抜いてある板で、
その形に添って線が引けるツールです。
まずそろえなければいけない形は、
真円を切り抜いてある、
いわゆる丸書きとよばれるものです。

【三角定規】
45°と60°の角度を持つ
2枚で1組です。
最初は厚手の大きめのものを
用意すると良いでしょう。

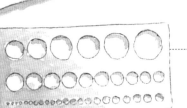

［応用］
建築図面4点セット＋
スケッチで
前川邸を描く

江戸東京たてもの園に移築公開されている
前川國男邸のスケッチ、
立面図、平面図、断面図を描いてみましょう。

名建築を図面に
起こしてみる

　建築を学ぶときに最初に出る課
題は、建築図面のトレースです。
手軽に見学できる建物を取り上げ
て、その図面の表現を解説します。
建築家、前川國男が設計した自邸
です。建築材料の乏しい第二次大
戦中の１９４２年（昭和１７年）
に建てられましたが、若かった前
川國男が意欲的に取り組み設計し
た住宅で、今では一般的になって
いるリビングダイニング、システ
ムキッチン、ユニットバスの原型
が見られます。

現在移築されている、
江戸東京たてもの園で
スケッチしました。
移築する前は、崖に面して
建っていたため、
このアングルで臨むことは
できなかったと思います。
ペン画に水彩で表現。

立面図は、鉛筆による
線画に色鉛筆で彩色。
色鉛筆の着彩は、
水彩と違って線のタッチが見える分、
シャープな印象を与えます。

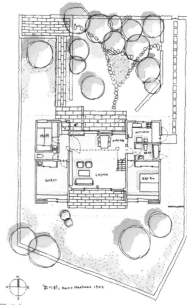

平面図と屋根伏せ図です。
どちらもインキングに
水彩で彩色し、
この住宅のモダンな
イメージを表しました。

インキングに水彩の断面図です。
同じ建築とは思えないくらい
雰囲気の違う
仕上がりになっています。

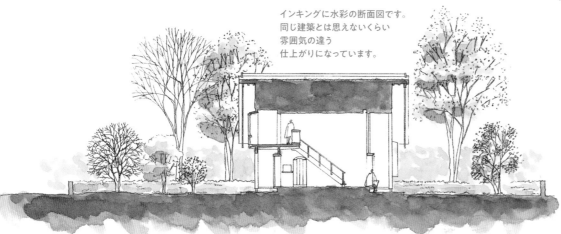

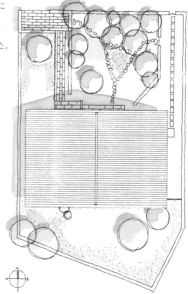

平面図とは

不動産のチラシでおなじみの、一般的に間取りを表現したものです。つまり、建物の機能を表す図面で、部屋名がわかり、その位置や使うための動線がわかるように表した図面です。

地面から約1.5mの位置で、水平に建物を切ったところを、上から見たものを描きます。

壁が切り取られた断面線と、その下側に表されるものの見がかり線で表現されます。水平に建物を切っているので、水平断面図ともいえます。

平面図(「1階平面図」)を描くプロセス

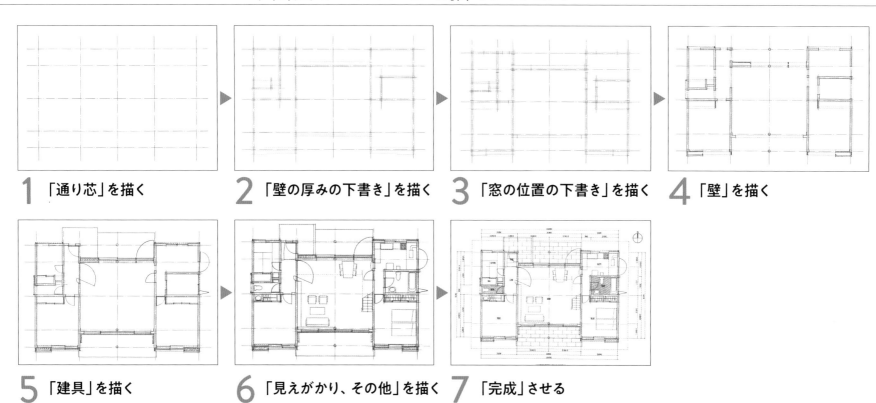

1 「通り芯」を描く

2 「壁の厚みの下書き」を描く

3 「窓の位置の下書き」を描く

4 「壁」を描く

5 「建具」を描く

6 「見えがかり、その他」を描く

7 「完成」させる

❶ 紙面上にレイアウトする
❷ 寸法を測って通り芯の補助線を描く
❸ 通り芯を一点鎖線・細線で仕上げる

通り芯[柱・壁の中心線]

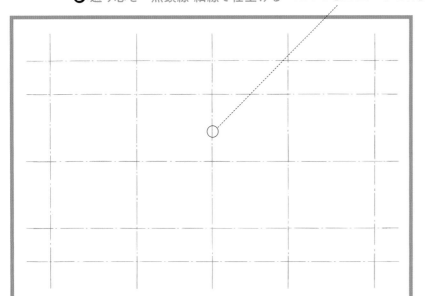

❶ 内壁の補助線を描き、
　内壁の通り芯を描く
❷ 壁の厚みを補助線で
　半分ずつ振り分けて描く

壁の厚みの補助線

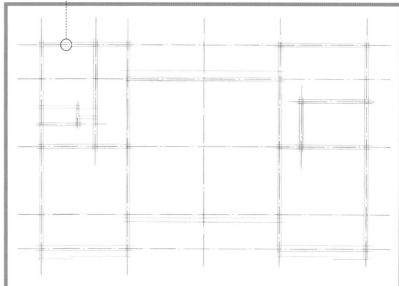

1 「通り芯」を描く

まずは壁の中心を表している「通り芯」と呼ばれる線を描きます。
通り芯は壁の中心線ですので、
それを描くと建物全体の輪郭を把握することができます。
通り芯描くことで、全体の大きさが決まりますので、
図面上のレイアウトを考えて描く必要があります。

2 「壁の厚みの下書き」を描く

通り芯は壁の厚みの中心線ですから、
その両側に壁の厚みの半分の幅で
補助線を引いて下書きを描きます。

※ [通り芯] 図面を描くための基準になる線。柱や壁の中心線

　 [補助線] 仕上がり線を描くためのガイドの線

※ 壁厚は正確には189mmですが、
　 便宜上95mmの中心振り分けとします。

❶:通り芯から寸法を測って　　　　　　窓の位置の補助線
　　窓の位置の補助線を描く

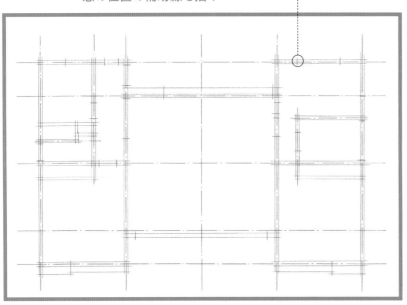

❶:補助線に沿って　　　　　　壁（切断面）を描く
　　壁の線を実線・太線で描く

3 「窓の位置の下書き」を描く

窓の位置や入り口の位置の幅を描きます。
そのとき、納まりを考えて位置付けしていきます。
さらに柱等で区切られる位置も描きます。

4 「壁」を描く

下書きを元に、壁、開口部を
切断面として太線でしっかりと描きます。
断面線として、しっかり太く描くことがコツです。

※

［開口部］ 建物の壁や間仕切りに窓や扉で開けられた部分

❶:窓・出入口をそれぞれの
建具記号で描く
❷:建具の移動線（実線・極細線）、
開口線（実線・極細線）を描く

建具の記号を描く

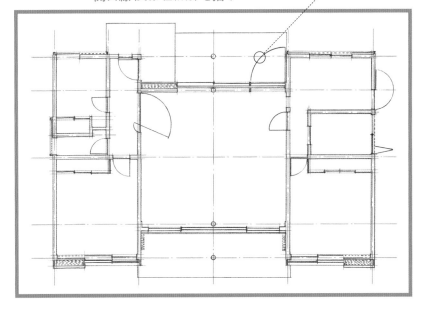

❶:1.5mより下に見えているものを
見えがかり（実線・中線）で描く

見えがかりを描く

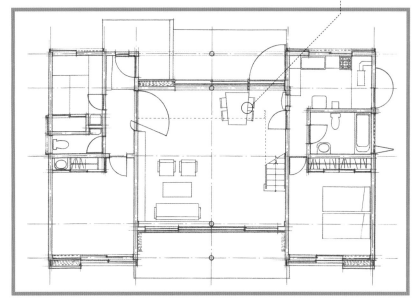

5 「建具」を描く

開口部の位置に、窓や扉の建具記号を描きこみ、
部屋の出入りを描いていきます。
建具が記号により種類が違いますので、
気を付けて記入してください。

6 「見えがかり、その他」を描く

家具や設備機器などの部屋の内部に
ある見えがかりとして見えてくるものを描きます。
階段があればそれも、1.5mの高さまでの段数を描きます。

※ [建具]　開口部に設置されている、扉や窓の総称

[見えがかり]　ＦＬから1.5mより下に見えているもの

7

「完成」させる (S=1:100)

室名、寸法、タイトル、方位、床目地や
上部の庇の位置（点線）などを描き込んで、図面を完成させます。
完成図は「1階平面図」です。

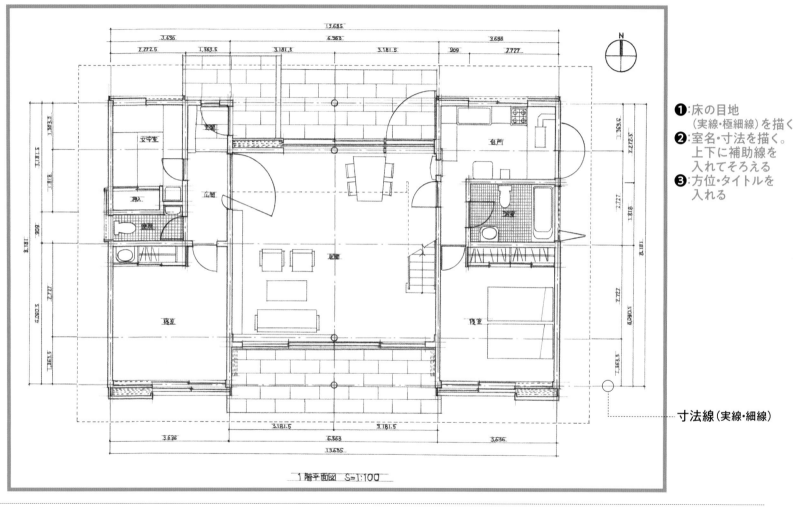

❶：床の目地
（実線・極細線）を描く
❷：室名・寸法を描く。
上下に補助線を
入れてそろえる
❸：方位・タイトルを
入れる

寸法線（実線・細線）

1階平面図　S=1:100

［参考］
「CAD」で平面図を描く

2枚の平面図はCADで描いたものです。
線の質感はなくなりますが、線の太さを慎重に選んで描くことが、
手描きに近づけるコツです。

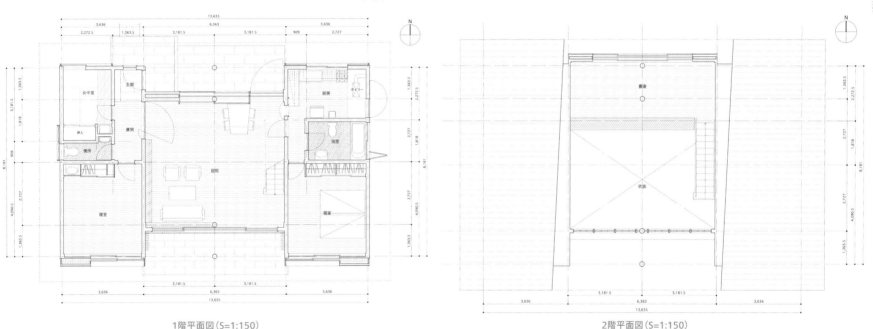

1階平面図（S=1:150）　　　　　　　　　　　　2階平面図（S=1:150）

※実際の図面はS=1:50で描いています

平面図表現のいろいろ❶

平面図は、建物の機能をフロアごとに描いた図面です。
部屋の配置、動線（人の動き）、家具の配置などを示して、どのように使われるかを表します。
部屋の目的によって色を変え、床面に目地を描きこみ、実際に入れる家具を配置して、
少し影をつけると、建物の使い勝手が際立ってきて、理解しやすくなります。

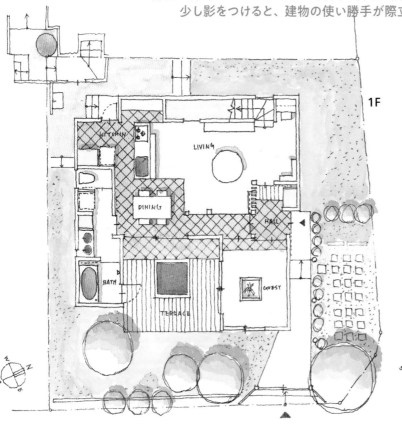

1F

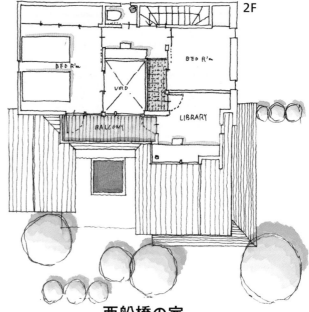

2F

西船橋の家

土間が、玄関から勝手口まで、
家の中を通り抜けるように配置してあります。
中庭と接する部分では、
床を同じ仕上げにすることで、
内部から外部へスムーズにつながるように
配慮しています。

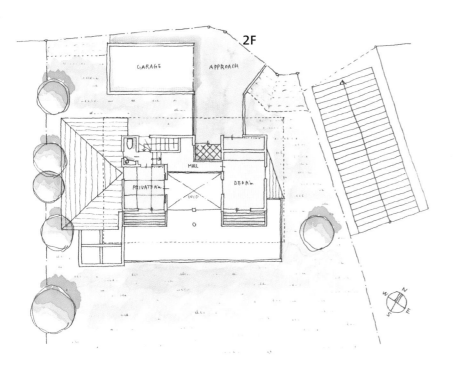

2F

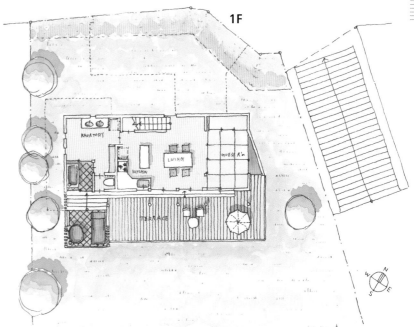

1F

伊豆高原の家

2階から入り、吹き抜けを通して
1階との視線を繋ぎ、
どの部屋からも海が一望できるように考えてあります。
1階外部には露天風呂を配置し、
海を見ながらゆっくりとリラックス
できるようにしました。インキング、水彩。

[応用]
平面図表現のいろいろ❷

この見開きでは、巨匠と呼ばれる有名な建築家の建てた
住宅の平面図を紹介します。
このように同じ平面図で見比べてみると、
建築家の意図（設計趣旨）の違いがわかり、
設計の勉強に役立ちます。すべて、インキングと水彩です。

「小さな家」ル・コルビュジエ

コルビュジエが両親のためにスイス・レマン湖畔に建てた家です。
実際に彼の母親が暮らしていました。
コルビュジエの設計思想である近代建築の
5原則や、最小限住宅を実現しています。
こじんまりとしながらも、動線をうまく回遊させることで、
機能的に、とても使いやすく設計されています。

「エシェリックハウス」
ルイス・カーン

フィラデルフィアの
閑静な住宅地に建っています。
「居室空間」と「サービス空間」が
交互に配置され、とても機能的です。
「自然光なしに、建築はない」
とまで断言していたカーンらしく、
光の取り入れ方は、
実にうまく考えられています。

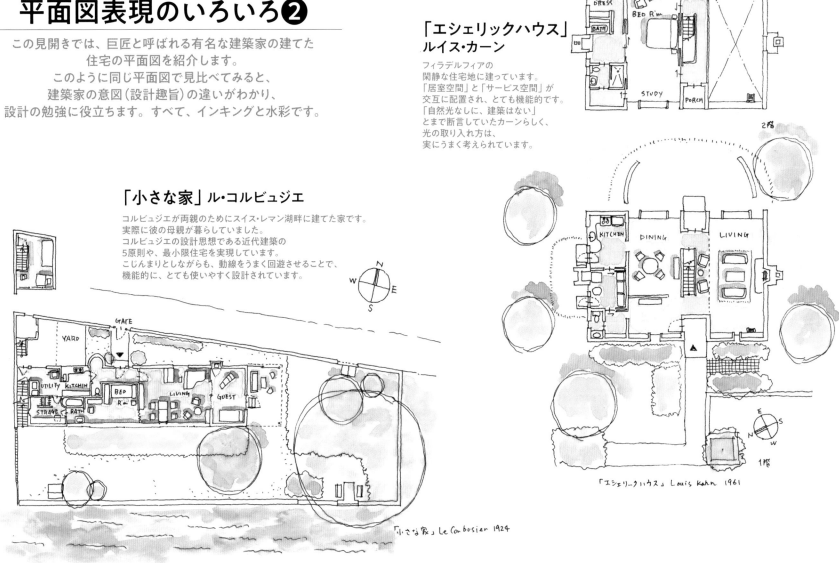

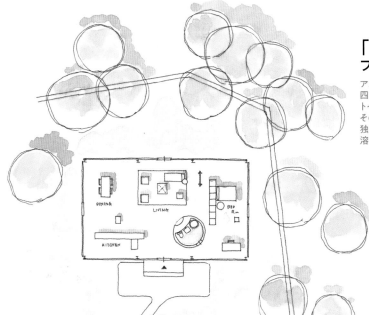

「ガラスの家」
フィリップ・ジョンソン

アメリカ・コネチカット州の広々とした林の中に、
四方ガラス張りで建つスケルトン住宅です。
トイレとバスの水周りだけ円筒で囲い、
その他はワンルームという、
独創的な、しかも周囲の木々に
溶け込むような設計です。

「ガラスの家」Philip Johnson 1949

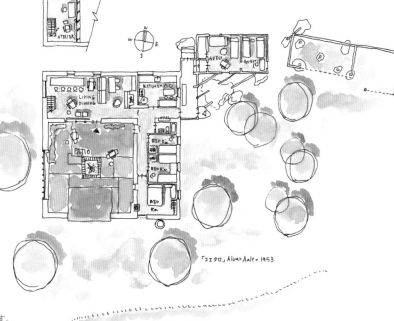

「コエタロ」
アルヴァ・アアルト

フィンランドに別荘として
建てられた実験住宅です。
中庭は床面、壁面ともに、
いろいろな材料で貼り分け、
それぞれの仕上がりを試しています。
内部空間はL字型でシンプルですが、
断面空間に変化があり、
とても居心地のよい空間になっています。

「コエタロ」Alvar Aalto 1953

断面図とは

建物のある部分を垂直に切り取って、壁の切断面に囲まれた内部空間を表現した図面です。このとき奥にある見えがかりの家具や窓を描き、部屋の内部の様子をわか

るように描きます。

平面図が部屋の機能を表現するのに対して、断面図は建物の接している地盤との関係や、建物の内外の高さを描くことが重要です。

断面図では建物の高さや光の入り方、建物のボリュームを表す空間構成がわかることが大切です。

断面図(「北-南断面図」)を描くプロセス

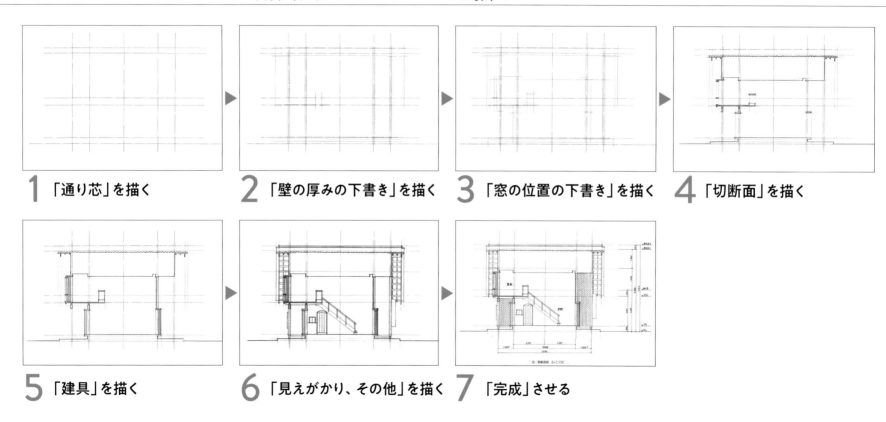

1 「通り芯」を描く

2 「壁の厚みの下書き」を描く

3 「窓の位置の下書き」を描く

4 「切断面」を描く

5 「建具」を描く

6 「見えがかり、その他」を描く

7 「完成」させる

❶:紙面上にレイアウトする
❷:通り芯の補助線、各高さの基準線を描く
❸:通り芯、高さを一点鎖線・細線で描く

❶:壁の厚みの補助線を描く
❷:床・天井の補助線を描く

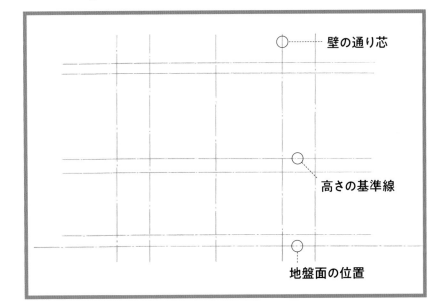

壁の通り芯

高さの基準線

地盤面の位置

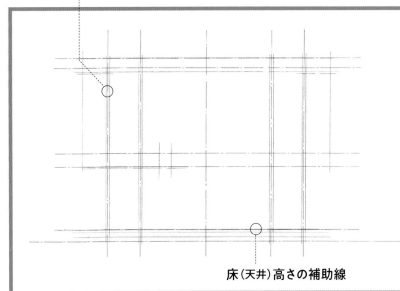

壁の厚みの補助線

床(天井)高さの補助線

1 「通り芯」を描く

平面と同じように壁の中心線である通り芯を描きます。
さらに、断面で重要な高さの情報を入れなくてはなりません。
地盤、1階床高さ、最高高さ、天井高さという
基準の高さの通り芯を描きます。また、平面と同じように、
図面上のレイアウトを考えて描く必要があります。

2 「壁の厚みの下書き」を描く

通り芯は壁の厚みの中心線ですから、
その両側に壁の厚みの半分の幅で補助線を引き、
さらに床(天井)高さの下書きを描きます。

※

[GL] 建物が地面に接している地盤面で高さの基準(Ground Line)

[FL] 各階の床の高さ(Floor Line)

[最高高さ] 建物の最も高い部分の高さ

[軒高さ] 木造は軒桁の高さ、RC、鉄骨は最高の梁の天端の高さ

[階高] 各階の床から次の階までの床までの高さ

[CH] 室内の床から天井までの高さ (Ceiling Height)

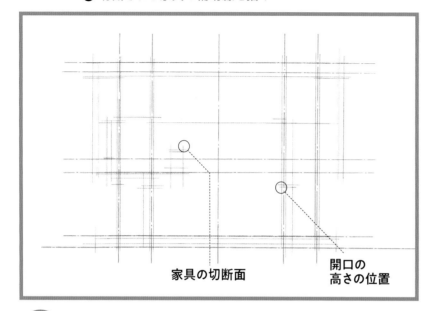

❶:開口の高さの補助線を描く
❷:切断される家具の補助線を描く

家具の切断面

開口の
高さの位置

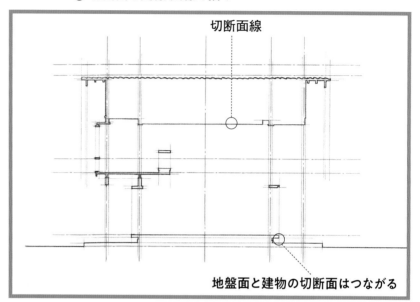

❶:切断面を実線・太線で描く

切断面線

地盤面と建物の切断面はつながる

3 「窓の位置の下書き」を描く

窓、扉の位置に開口の高さの補助線を描きます。
そのとき、切断される家具類の切断面の下書きも描きます。

4 「切断面」を描く

下書きを元に、壁、開口部の切断面と家具等の
切断面を太線でしっかりと描きます。
地盤面の線と建物の切断面が繋がるように
描くことに注意してください。

❶ 開口部に建具を描く。
引き違い戸は2本の太線、
開き戸は1本の太線で描く

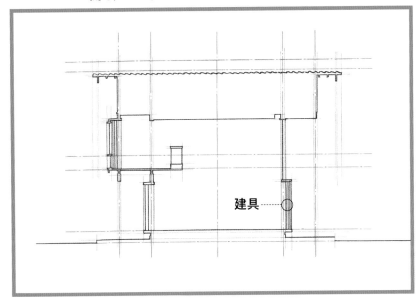

建具

❶ 断面を切った向こう側に
見えるものを実線・中線で描く

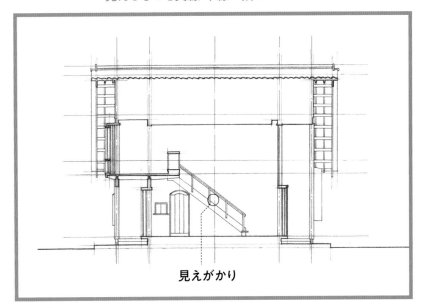

見えがかり

5 「建具」を描く

開口部の位置に、窓や扉の建具記号を描きこみ、
部屋の出入りを描いていきます。
平面と同じく建具が記号により種類が違いますので、
気を付けて記入してください。

6 「見えがかり、その他」を描く

家具や設備機器などの部屋の内部にある
見えがかりとして見えてくるものを描きます。
奥のものと手前のものの違いが出るように心がけてください。

7 「完成」させる（S=1:100）

室名、寸法、タイトル、高さ情報の名称、
方位などを描き込んで、図面を完成させます。
完成図は「北-南断面図」です。

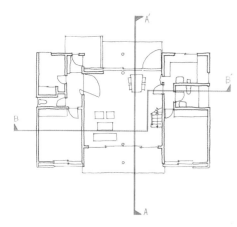

断面キープラン

　断面を切断した部分を示す図面とし
て、断面キープランを描くことは必要
です。平面の図面に切った部分のライ
ンと、断面をどちら側から見たかの方
向を示します。前川邸の「北-南断面図」
は赤のA-A'断面で切ったものです。
青で示したB-B'断面のように断面は
一直線で切る必要はありません。建物
がわかりやすく表現できるところを切
断するために、このように折れ曲がっ
て切断しても良いのです。

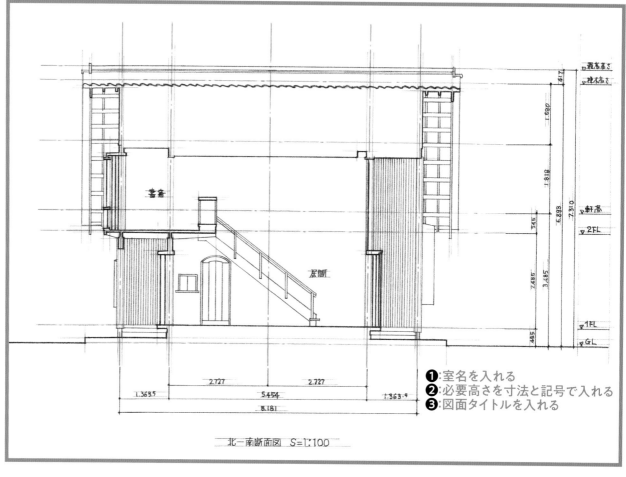

❶：室名を入れる
❷：必要高さを寸法と記号で入れる
❸：図面タイトルを入れる

北-南断面図　S=1:100

[参考]
「CAD」で断面図を描く

2枚の平面図はCADで描いたものです。
線の質感はなくなりますが、線の太さを慎重に選んで描くことが、
手描きに近づけるコツです。

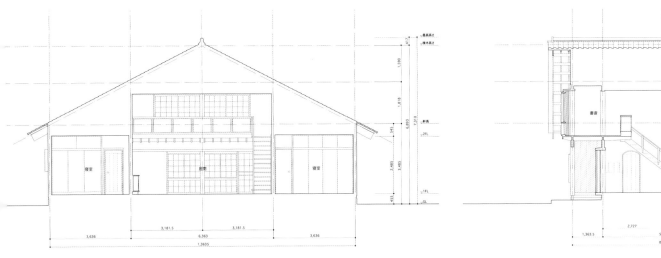

東−西断面図（S＝1:150）

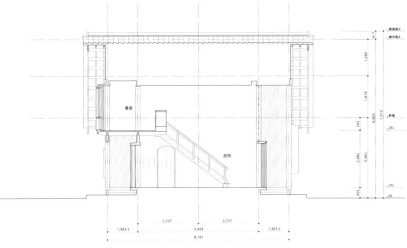

北−南断面図（S＝1:150）

※実際の図面はS＝1:50で描いています

STEP 17
断面図表現
ブラッシュアップのポイントは

断面図の表現で一番重要なことは、
地面とどのように接しているか、
つまり、敷地の断面線がどのような
高低差になっているかを、太い線でしっかりと描き、
建物がどのような高さ関係になっているかを描くことです。

1 樹木を描き断面部分を塗りつぶす

樹木の描き方はP.176で解説をしますが、ここでは図案化したものを採用して描き込みます。配置図に描いた樹の位置に合わせ、高さ枝振りに気をつけて描き込んでいきます。地面の部分と建物の断面になる部分を塗りつぶします。鉛筆の粉をティッシュでこすりつけると比較的均等に塗ることができます。

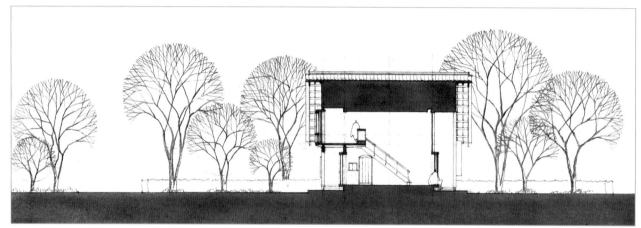

2 樹木に色をつける

樹木に色をつけていきます。この図ではパステルを使って着彩をしています。パステルは直に塗っていく方法と粉状にしてティッシュなどでこすりつけて塗る方法がありますが、粉にしたほうが均等に塗りやすいです。はみ出した部分は、消し板などを使って丹念に消しゴムで消していきます。まずはバランスよく樹木を選んで塗ります。

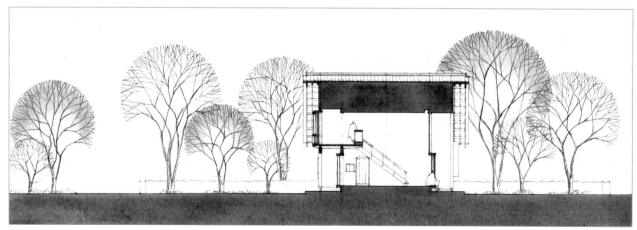

配置図同様、添景（点景）を描き込むことで、敷地の状況をわかりやすく表現ができますが、断面図（立面図も同様）に添景を描き込む際に重要なことは、建物のスケールを表すことができることです。樹木、人物、車などを正確なスケールで描き込むことで、建物の大きさがわかります。

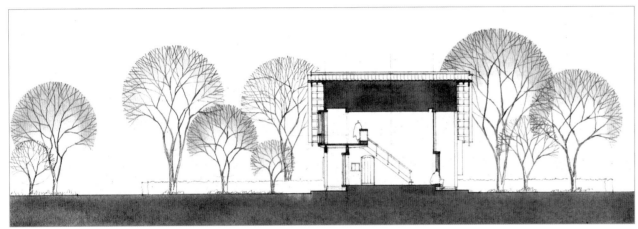

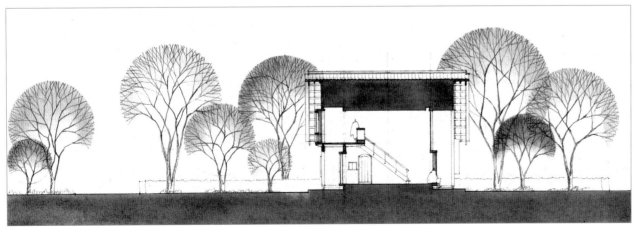

3 違う色を加える

樹木全体に色を塗る必要はありませんが、2、3種類の色で構成をしますと、背景が充実してきて、断面をより浮き出させることができます。ただし、あくまで図面表現ですのであまり極端な色構成をせず、濃い色はポイント的に使うことがコツです。

4 背景にも 色を入れる

さらに樹木の間の部分に色鉛筆で背景を描くと、より奥行き感が出てきます。人物にも少し影をつけてスケール感を出すとより図面がしまってきます。

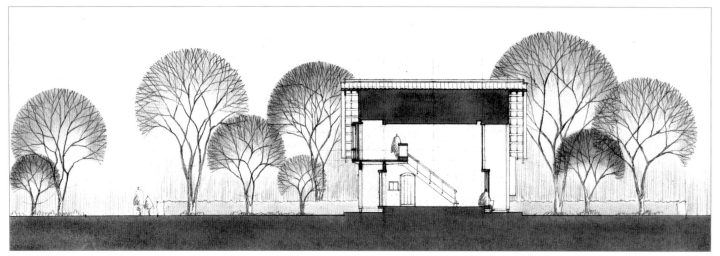

5 樹木の違いを 表現する

樹木の描き方を、より細かく表現した図面です。この図面に同じように色や影をつけることで奥行き感を表現できます。

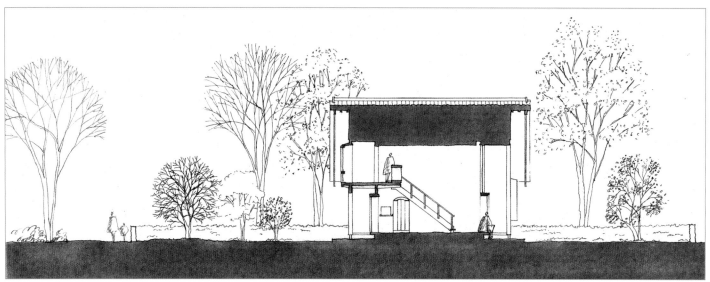

前川國男邸

写真は1942年に竣工した、前川國男の自邸です。戦時中、建築資材が制限されて、木造の延べ床面積100㎡以上の住宅禁止、という法律によって制限された時代に計画された建物です。その困難な状況の中においてでも、大胆かつシンプルな構成をもって計画された住宅です。

大きな切り妻屋根1枚の下に、すべての平面が納められ、一見すると和風の建物のように見えますが、随所に、パリで学んだモダニズムと日本の伝統的要素の洗練された構成が見て取れます。切り妻屋根の棟の下にもうけられた、広い吹き抜け空間を持つ居間ダイニングを中心に、屋根が下がって低くなる位置の両側に、それぞれ、寝室と書斎を配置する明快な平面計画で構成されています。

吹き抜けの南側正面の開口部は、上部に天井いっぱいまで格子の窓が作られ、その下に4枚引き違いのガラス戸を配して、和風建築には見られない、光が降り注ぐ明るい空間が作られています。2階は居間から直接階段で上がるようになっており、大きな吹き抜けとつながり一体の空間として構成されています。それぞれの個室や水廻りを見ていくと、個室には造り付けの造作家具が、使い勝手に合わせて取り付けられ、浴室はユニットバスの原型といわれる洗面、トイレ、浴室がワンルームの中に納められたものです。それらは他のディテールと併せて、モダニズムを感じさせる作りになっています。資材が制限されていた中で、これだけの豊かな空間を作り出すことは、その後の前川國男の原点になった作品といえましょう。

写真上：南正面外観

写真左：リビングから北側室内を見る

写真左：リビングの大きな開口

写真右：2階からリビングを見る

［建築家］前川國男

前川國男(1905-1986)は建築を学ぶにあたって、見逃すことはできないほど、多くの功績を残した人物です。1928年東京帝国大学を卒業したと同時に、パリにあるル・コルビュジエのアトリエに向かって東京を出発しています。2年間アトリエで修行する中で、CIAM第2回大会への出品作品などの計画案を担当し、モダニズムの最先端の思想を学び日本に戻りました。その後、アントニー・レーモンドの事務所で5年間過ごし、実務を学び、1935年に独立しています。戦時中資材統制がしかれている中で、この前川邸を設計し、戦後一時期アトリエとしても使用していました。この頃、実際に手がけた作品は数少ないですが、設計競技等で、モダニズムの設計手法を試みることで、後の活躍につながっていきます。1950年以降鉄筋コンクリートでの設計に力を入れ、1960年には「打ち込みタイル構法」を発表し、デザインだけではなく、技術や仕様についての新しい試みに取り組み、日本におけるモダニズムと技術の発展に多くの足跡を残しました。

断面図表現の
いろいろ

断面図は、建物の内部空間の大きさを示す図面です。
内部と外部の空間のつながりや、縦方向の広がりが、
どのようになっているかを表します。
それぞれの断面を見てわかるように、
土地の形状の理解には欠かせない図面です。
矢印などを使って部屋から見る方向や、風の流れ、
光の入り方を示すと、
その空間の居心地を表すことができます。

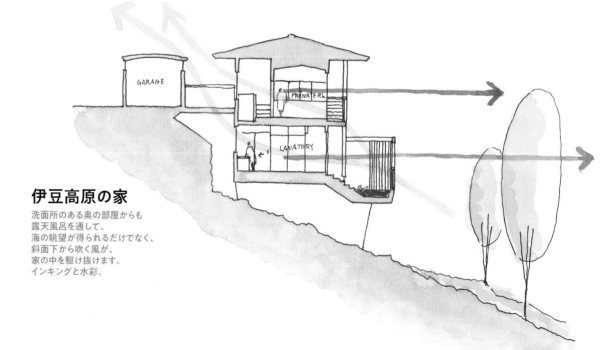

「コエタロ」
アルヴァ・アアルト

細長いリビングと、
傾斜屋根の高い部分には
アトリエがあり、
その方角にある湖を窓の外に
臨むことができます。
インキングと水彩。

伊豆高原の家

洗面所のある奥の部屋からも
露天風呂を通して、
海の眺望が得られるだけでなく、
斜面下から吹く風が、
家の中を駆け抜けます。
インキングと水彩。

古民家の断面図

土間が内外部をつなげる中間領域となり、
吹き抜けの上の空気抜きが室内の
空気の流れを作ります（左図）。
また、民家の茅葺きは空気層が厚いので、
断熱効果があります（右図）。
インキングと水彩。

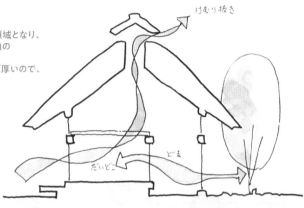

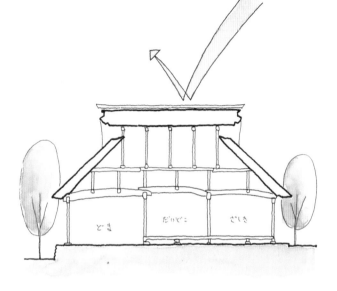

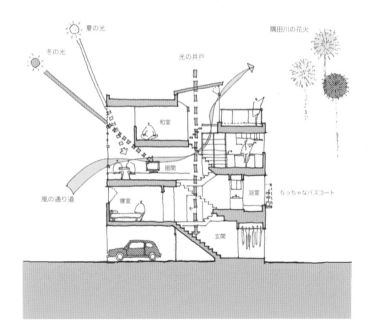

間口一間半の家

間口が狭いために、縦動線の階段を利用して、
光を入れたり風の通り道を作ったりしています。
小さな吹き抜けは、夏と冬との
光の取り入れの調整に役立っています。
インキングとパステル。

立面図とは

建物を外側から東西南北の位置から、水平に見たところを描いたものです。建物の形を表す図面で、輪郭や窓や入り口の位置、外装の種類がわかる図面です。

立面図を描くプロセス

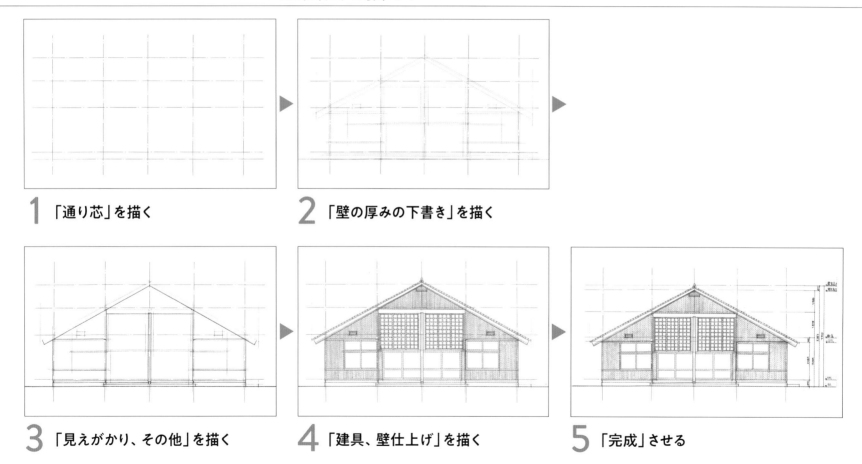

1 「通り芯」を描く

2 「壁の厚みの下書き」を描く

3 「見えがかり、その他」を描く

4 「建具、壁仕上げ」を描く

5 「完成」させる

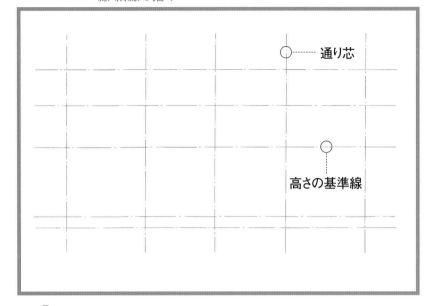

通り芯

高さの基準線

開口の位置　　　　　　　　　　　　　　　　輪郭線

1 「通り芯」を描く

断面図と同じく壁の中心線である通り芯と、
高さの基準線を描きます。

2 「壁の厚みの下書き」を描く

通り芯は壁の厚みの中心線ですから、
立面の場合は外側の壁の線が建物の輪郭になりますので、
壁の厚みの半分の幅で輪郭線の補助線を引いて下書きを描きます。
窓、扉の位置に開口の高さの補助線も描きます。

※　[輪郭線] 建物の外側の形を表す線

❶:補助線に沿って
　見えがかりを実線・中線で描く

破風板の見えがかり

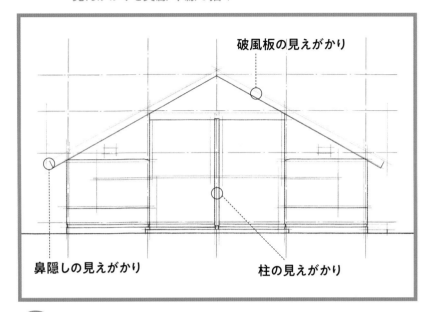

鼻隠しの見えがかり

柱の見えがかり

❶:補助線に沿って窓、戸を描く
❷:壁の仕上げを描く

立面を表現する
線（実線・細線）

輪郭線
（実線・太線）

裏側立面図　S=1:100

3 「見えがかり、その他」を描く

補助線に沿って見えがかりを中線で仕上げていきますが、
地面の線だけは断面線となりますので太線でしっかりと描いてください。
断面の見えがかりと同じく、奥のものと手前のものの
違いが出るように心がけてください。

4 「建具、壁仕上げ」を描く

補助線に沿って窓、戸を描いていきます。
最後は壁のテクスチャー（仕上げ）を描き込みます。
建物の輪郭線と正面に描く線は強さを
区別するように心がけてください。

※ ［破風板］軒の妻側の先端をふさぐ板

［鼻隠し］軒の流れ方向の先を隠す板

5 「完成」させる（S=1:100）

寸法、タイトル、壁の仕上げの目地、
高さなどを描き込んで図面を完成させます。
完成図は「南側立面図」です。

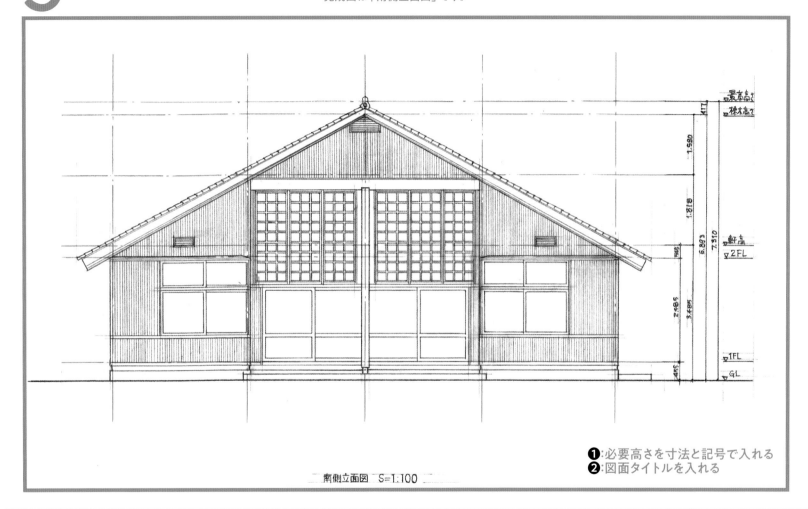

南側立面図　S=1:100

❶:必要高さを寸法と記号で入れる
❷:図面タイトルを入れる

「CAD」で立面図を描く

2枚の立面図はCADで描いたものです。立面図も他の図面と同様に、
線の質感が無くなり、メリハリのない図面になりやすいので、
線の太さを慎重に選んで描くことが、大切です。

南側立面図（S=1:150）　　　　　　　　　　　　　　北側立面図（S=1:150）

※実際の図面はS=1:50で描いています

CHECK POINT

図面における線の太さと種類の意味は

図面は線の太さや種類を描き分けてメリハリのあるわかりやすいものにすることが大切です。

	線種	名称	太さ	意味
【線の太さと意味】	————————	極太線	0.5〜1.2mm	地盤断面線
	————————	太線	0.25〜0.5mm	外形線、建物断面線
	————————	中線	0.15〜0.25mm	みえがかり線など
	————————	細線	0.1〜0.15mm	基準線、寸法線、通り芯など
	————————	極細線	0.05〜0.1mm	目地線、開き線、引き出し線など
	————————	補助線	0.1mm以下	下書き線

	線種	名称	意味
【線の種類と意味】	————————	実線	断面線、見えがかり線、寸法線など
	— — — — — —	破線	隠れ線（軒線、天井照明、クローゼットハンガーパイプ等）
	- - - - - - - -	点線	移動線、想像線（窓、戸の移動軌跡）
	—・—・—・—	一点鎖線（二点）	通り芯、中心線、吹き抜け線、境界線など

STEP 19
立面図表現
ブラッシュアップの
ポイントは

立面は建物の形を表す
図面ですが、
やはり配置図と同様に、
どのような状況の
敷地環境に建っているかを
表現しなくてはなりません。
断面同様に添景を描き込むこと
で、建物の大きさや奥行きを
描いていきます。

　立面は透視図ではありません
が、P.102、P.103の解説のよ
うに、手前にあるものを濃く、
奥にあるものを少し薄く描いて、
手前と奥のものに差をつけて描
く（空気遠近法）、あるいは奥
のものに手前のものを重ねるこ
とで一部分を隠して描く（重ね
遠近法）ことで遠近感を出すこ
とができます。さらに、建物に
陰影を入れることで、出っ張り
引っ込みが表現でき、より建物
が浮き上がってきます。

1
樹木を描く

断面図と同様に配置図の樹
木の位置に合わせて、高さ、
枝振りを調整して樹木を描
き込みます。建物には庇、
窓の出、引っ込みの影を入
れて立体感を出します。

2
樹木に色をつける

パステルで色を選んでバラ
ンスよく塗っていきます。こ
こでは断面図に塗った樹の
色と同じ色を塗っていきます。

3

全体に色を入れていく

断面図と同様に全体の色の構
成を考えて、派手にならないよ
うに色を入れていきます。この
とき、季節を選んで色構成を
変えていくと表現に変化を持た
すことができます。

4

背景にも色を入れる

さらに樹木の間の部分に色鉛筆で背景を描くと、より奥行き感が出てきます。人物を描く場合にもにも少し影をつけてスケール感を出すとより図面がしまってきます。

5

樹木の違いを表現する

樹木の描き方を、より細かく表現した図面です。この図面に同じように色や影をつけることで奥行き感を表現できます。

建具記号の描き方は
CHECK POINT

一定のルールを守らなくては、図面を理解し、建築空間を理解することができないのです。

図面を描くときには、P83で紹介した線の意味とこれから紹介する建具記号が重要になります。線同様に一定の形状で建具の種類を表現します。

【窓の表示】	平面表示	立面表示	断面表示
はめ殺し窓（Fix）			
片引き窓			
引違い窓			
突き出し窓			
すべり出し窓			
片開き窓			
両開き窓			

【戸の表示】	平面表示	立面表示	断面表示
引き込み戸			
片引き戸			
引違い戸			
両引き戸			
自由戸			
片開き戸			
両開き戸			

立面図表現の
いろいろ

立面図は、建物の形を理解してもらうための図面です。
建物の高さ、幅、窓の位置や形状、材質などが、
この図面からわかります。大切なのは影のつけ方。
立体感や建物の凹凸が一目で伝わります。
また、色や目地を描くことで材質感も表現することができます。

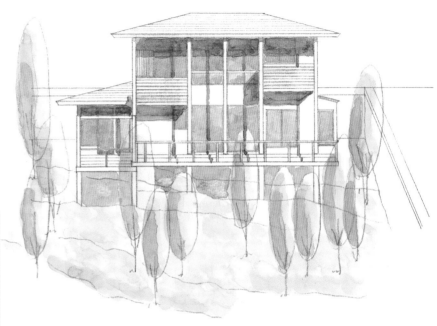

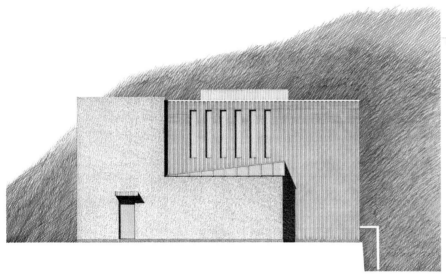

新百合ヶ丘の家

壁の目地、ドットを入れることで、
仕上げの材質の違いを表現しています。
ペンで描いているので、
細部まで丁寧に描きこめて、
完成度の高い仕上がりになります。
（ロットリング、ガラスペン、カラーインク）

伊豆高原の家

庇やバルコニーに影を入れると、
壁面からの出幅が表現でき、
立体感が増します。また、窓にも
淡いブルーを加えることで、
開口部の大きさを強調できます。
（鉛筆と水彩）

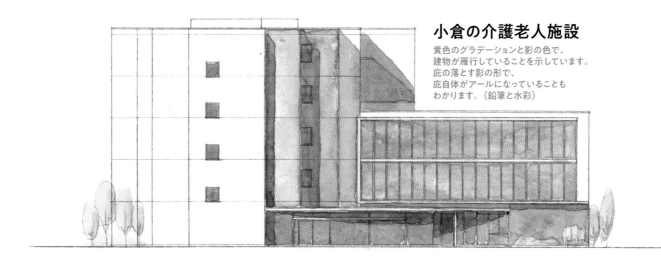

小倉の介護老人施設

黄色のグラデーションと影の色で、
建物が雁行していることを示しています。
庇の落とす影の形で、
庇自体がアールになっていることも
わかります。（鉛筆と水彩）

泊楓居

筆者の自宅兼事務所です。
隅田川沿いの眺望が楽しめます。
コンクリートの打ちっぱなしと
ガラスの組み合わせで、
すっきりと清潔なイメージを目指しました。
（鉛筆と水彩）

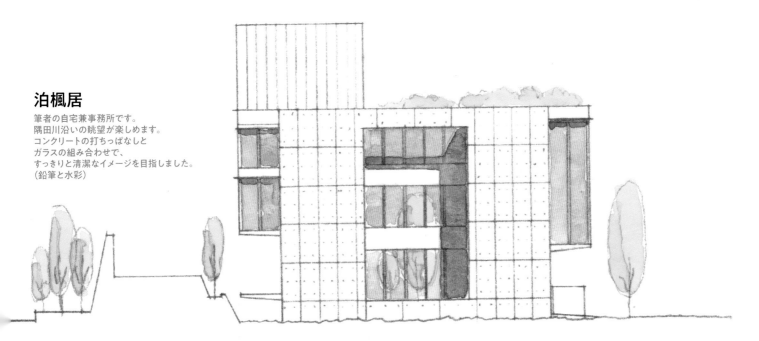

建築の図面に、ガラスペン、ロットリング、
カラーインクで描いた新百合丘の家。
ここまで描きこむと建築図面も絵に近づきます。

図と絵の違いを知る

絵は、描く人の感性がモノをいいます。描き手が対象の何を伝えたいのか、それを描くのが絵で、スケールや奥行きは必ずしも正確でなくてもよいのです。というより、伝えたいものをデフォルメして表現できることが、個性として評価されます。

対して、図は対象を忠実に再現することで、まるでそのものが目の前にあるように描きます。遠近法を筆頭に正確に描くルールにのっとって描かれるので、その法則さえ守れば

誰でも描くことができます。言い換えれば、誰でも同じように再現できるということは、描く人の個性はほとんど感じられず、見る人に感動を伝えることは不可能です。

この本では、誰でも一定のレベルで描ける作図のルールを踏まえて、絵の描き方を身につけるというアプローチで、表現者ならではの見て、触って、感じたままを伝えるスケッチを目指したいと思います。順を追っていけば、あなたの思いが、見る人に伝わるスケッチを描けるようになります。

坂の勾配や建物の向きなど、
数値化できる情報が
可視化されているのが図で、
個性は感じられません。

同じ場所を描いた絵では、
広角レンズを通したような
構図で描かれ、通りのにぎやかさが
伝わってくるようです。

STEP 20
配置図とは

建築にとって、どこにどのように建っているかがとても大切です。
どのような敷地環境なのか、平地なのか傾斜地なのか、山を背負っているのか、
川の谷に接しているのか、周りの景色はどうなのかが、
建築の設計には重要なことなのです。

配置図は建つ場所、位置を表す図面として、とても重要な図面です。つまり、配置図とは、敷地と建物の関係を描いた図面です。敷地全体を鳥の目で上から見た図面で、周りの道路との関係、そこから

のアプローチや周りの木々など、建物がどのような処に、どのような関係で立っているかを表します。建物は屋根伏図といわれる屋上を表した図で表し、そこに影を描いて高さを表現します。

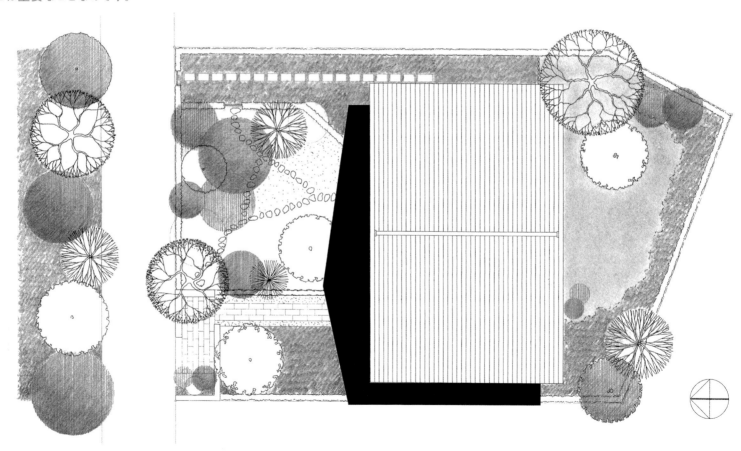

STEP 21
配置図表現
ブラッシュアップのポイントは

配置図は建物周りが（敷地の外側も含めて）どのような様子になっているかを示さなくてはなりませんので、特に図面の描き込み（ブラッシュアップ）を丁寧にする必要があります。

敷地周りの様子を描くのですが、まず建物の位置を落とし込みます。このとき抜けてはならないこととして、敷地境界線、接する道路の位置と方位があります。その他樹木、塀、高低差等を描き込んでい

くのですが、あくまでも建物の建っている状況を表すので、建物が隠れてしまうほどの描き込みをしてはいけません。その配置図の表現の目的が何かによって、描き込みの質量は変化していきます。

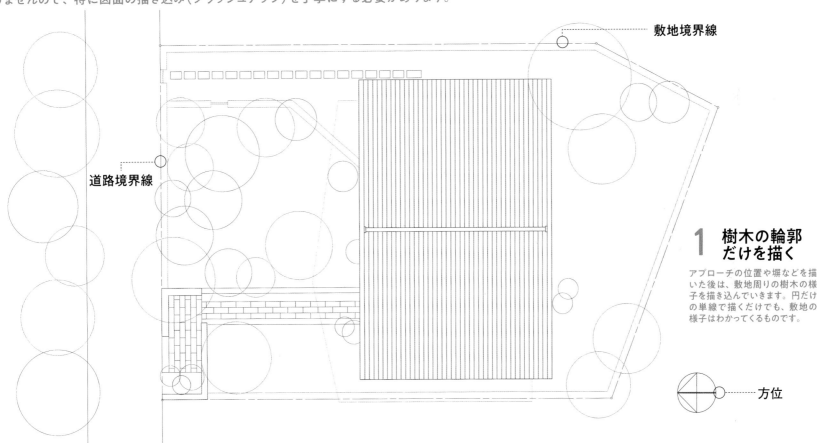

敷地境界線

道路境界線

1 樹木の輪郭だけを描く

アプローチの位置や塀などを描いた後は、敷地周りの樹木の様子を描き込んでいきます。円だけの単線で描くだけでも、敷地の様子はわかってくるものです。

方位

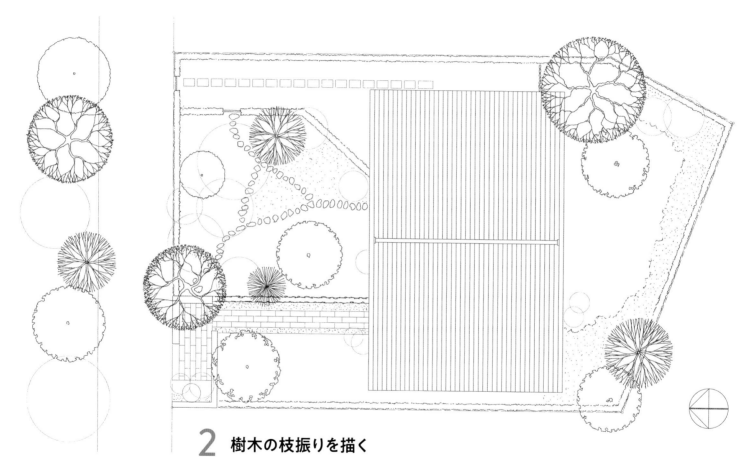

2 樹木の枝振りを描く

単線で描いた樹木に、枝振りを描き込んでいく。図面はあくまでも絵を描くのではなく、図を表すことですから、枝振りは一定の記号になるような描き方で十分樹木の種類や密生度を表現できます。

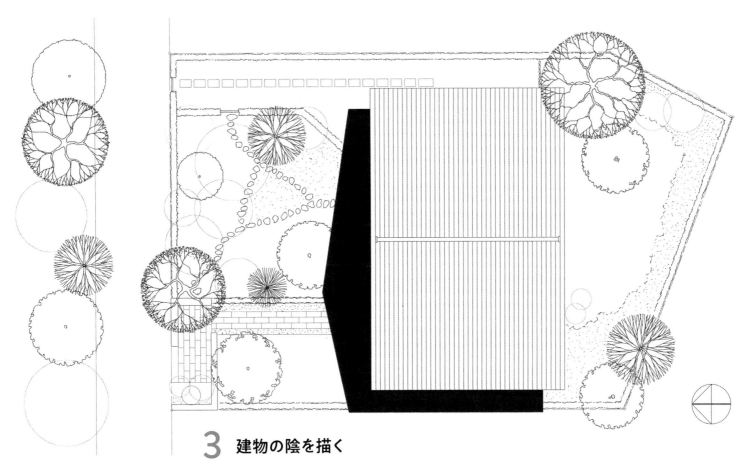

3 建物の陰を描く

配置図に描かれている建物は屋根伏図ですから、平面です
が、これに陰を描き込むとで建物の形が浮き上がってきます。
周りの樹木にも陰を描いてもよいのですが、あくまでも建物
(建築)をわかりやすく表現することですので、どこまで描き
込むかは、その都度考える必要があります。

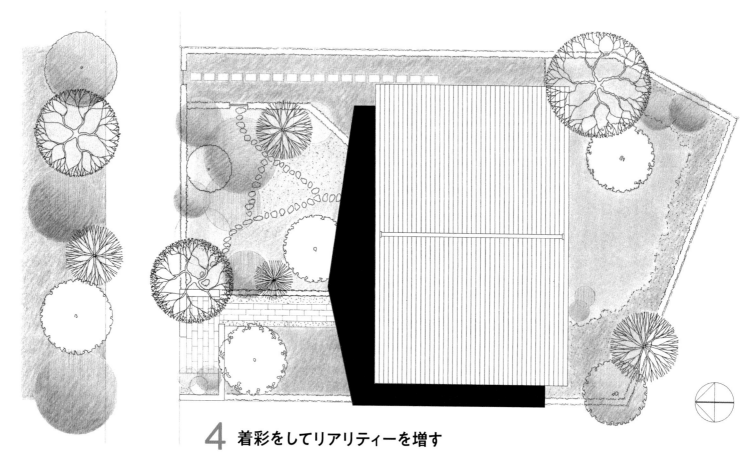

4 着彩をしてリアリティーを増す

敷地に色をつけることで、敷地の様子がより現実に近づきます。
ちょっとした筆の使い方で、でこぼこを表現したり、樹木の丸
みを描いたりして、その敷地の状況をよりわかりやすくすること
は、大切なことです。着彩の種類は P.168で紹介しますが、こ
こでは色鉛筆での表現です。

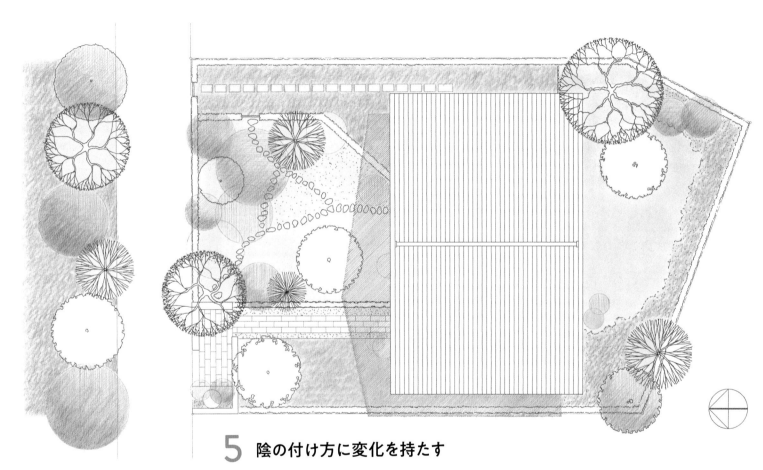

5 陰の付け方に変化を持たす

建物の陰を線画で表現をすると、陰の部分の敷地の様子も表
現できます。建物の浮き上がりは減少しますが、全体の表現
が軟らかくなり、落ち着いた雰囲気を出すことができます。

前川邸のディテールを考える

前川邸をみていくと、戦時中、資材の供給を制限されているなかで、
よくここまで作り上げたなと感心してしまいます。
とくに建物を詳しく見ていくと、「ここまで考えますか」という感動するディテールが、目の前に現れてきます。
ここではスケッチと詳細図を交えてそのいくつかを、紹介していきましょう。

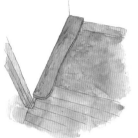

居間の回転ドア

次に出てくる、居間への仕切りの回転ドア。幅1640のドアが回転して吹き抜けのある居間への導入として造られています。これは、回転して奥に開くことで、居間の空間との仕切りとなるように、ドアであり壁であるという役目を持たして設計されているようです。

玄関の腰掛け

まず、玄関を入ったところにある腰掛け。(靴を履くための)腰掛け板が狭い空間に置く形を考え、柔らかいカーブを伴い、上がり框に向かって細く造られています。

雨戸

この時代雨戸は必需品であったと思われますが、ここにもとても繊細な一工夫があります。それは、民家でよく使われていた無双窓(半分開くと窓になる)を雨戸の一部に採用していることです。無双窓を取り入れることで、締め切っていても防犯を確保しながら、通風ができるということです。実は板戸の雨戸は、外側に一切の鍵穴を造らず建具を閉めることができるので、とても防犯には有効なものなのです。

居間の幅木

幅木に至っては、床からの浮いた感じ、壁への緩やかな傾斜でのつながり、緻密な操作がしてあります。

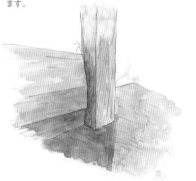

回転ドアの枠納まり

そのドアの枠の納まり。これがスケッチのように、留めの納まりに傾斜の枠を足して、柔らかい見せ方表現にしようとしたのかと思わせる納まりです。

書斎テーブル

家具にもかなりの情熱がそそがれたようです。書斎のテーブルを見ると、その情熱を感じます。テーブルの脚をつなぐ材はやわらかい曲線でつくられています。

水廻り

浴室は現代でいうユニットバスの造りそのもので、この形のセット(浴槽、洗面、トイレの一体化)がまさにそのまま採用されたのだと思われます。これらを一体で設置するのは、これ以前の住宅では試みられておりません。前川國男の留学の1つの成果と思われます。

覗き窓

さらに、キッチンとダイニングをつなぐ窓。繊細な扉を引き違いで設置することで、生活に豊かさを生み出しています。きめ細かい設計の意図を感じます。

玄関の腰掛け（S=1:40）

217
350
1300
1215
土間
450
座面
185
35 23 17
玄関
133 54
幅木
228 133
190 38 79
幅木
土間
415
半径85mm
110
70 85
玄関
85
10085
185

居間の回転ドア・建具枠・幅木

建具枠 1:20
85
47 38
6 15
9
20 42 80 40 21
203
203
42
80
40
21
9 15
38

幅木 1:20
85
38
90
50 40
25
4
9
18

大戸(回転扉) 1:40
85
1900
360
855
120
80
250
830
1640
45

片持梁 1:15
130 9
36
170
25
60
1040
55

覗き窓（S=1:40）

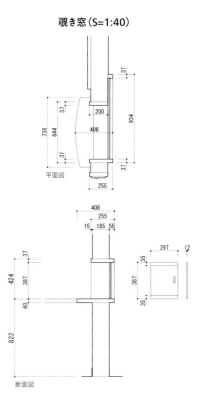

37
738
644
37
200
408
934
255
平面図

408
255
15 185 55
297 12
35
35
387
37
424
387
40
35
822
断面図

雨戸（S=1:40）

1800
1170
270
36
279
243
78 70 79
288
36
333
300 300 300 300
1200

無双部分詳細（S=1:8）

9
255
237
243
1.5 1.5
9
6 6
78
36
36

書斎テーブル（S=1:40）

1520
235 110 830 110 235
175
735
390
55 55 55 55
170
290 290
1520
720
80 60
110
80 130
710
40
710
460
130 80

これを描いている
机まわりをスケッチ

筆者の机の上です。いつも散らかしっぱなしで、
何か作業をするときは、まず片付けからはじめなければなりません。
いまだにＴ定規と三角定規を使っています。
改めてスケッチしてみると、お気に入りの鉛筆削りは、やっぱり真ん中に。
スケッチする人の気持ちが、絵に表れるのは本当のことです。

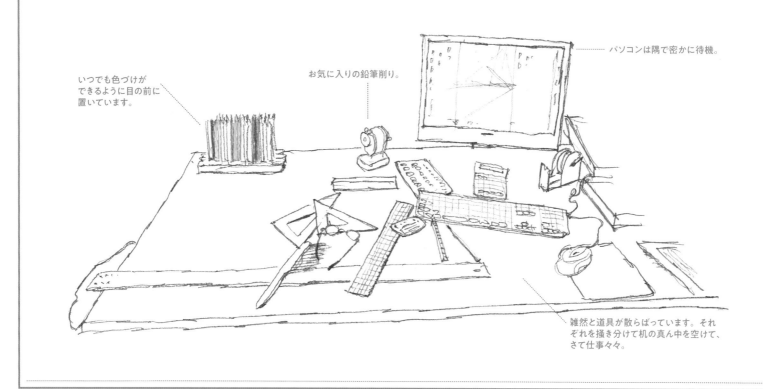

いつでも色づけが
できるように目の前に
置いています。

お気に入りの鉛筆削り。

パソコンは隅で密かに待機。

雑然と道具が散らばっています。それ
ぞれを掻き分けて机の真ん中を空けて、
さて仕事々々。

CHAPTER
3
パース編

Chapter1ではものの形をとらえるスケッチを、
Chapter2では建築図面の2次元表現も学びました。
スケッチの技法と2次元表現を駆使して立体的（3次元）な
表現技法（パース）を学ぶことは、
建築スケッチ上達の重要な手助けになります。
Chapter3では、遠近法の意味、透視図（パース）の描き方、
いろいろな建築のスケッチを元にした
簡略法を使った描き方を解説していきます。

STEP 22
遠近法とは

上手なスケッチは、遠近法で描かれています。
建築の形や奥行きを正確に表現するのに遠近法は欠かせません。
遠近法を詳しく語ると、それで1冊終わってしまうので、
ここでは、必要な原理をコンパクトにわかりやすく解説します。

複数の鳥が、
重ね遠近法で
描かれている
古代エジプトの壁画

線遠近法と空気遠近法を理解する

古代エジプトの記録に残る重ね遠近法

　古代エジプトの壁画には、人や鳥などが、斜めに重なって整列している図柄をよく見かけます。この時代には、まだ遠近法という表現が未熟で、もの同士が重なっているときは、見えない部分があるほうが後ろ側、という描き方で表していたのです。この方法は中世に至るまで、距離感を表現する唯一の方法として採用されてきました。中世の絵画では、写実性よりも象徴性が重んじられたこともあって、人物を距離によって大小に描き分けることはなかったのです。

　この手法は現代の私たちにとっても一番簡単に奥行きを表現する方法として、今でもよく使われています。

ルネッサンス期に花開いた空気遠近法

　山の頂上やタワーの展望台からの景色は、ふだん目にすることができないはるかかなたまで見渡せて、しばらく見とれてしまうことがあります。そのとき、何気なく見ている山並みが、遠くにいくほどぼんやりとかすんで見えることは、皆さんも経験していると思います。

　この見え方を絵画に取り入れたのが、空気遠近法といわれるもので、遠ければ遠いほど、空の色に近い青味を帯びた淡い色で表現するという、遠近法表現の一種です。これは、遠くにあるものに反射してくる光の波長によって、輪郭はぼんやりと、色は青味がかる見え方を、山々など実際に消失点をと

線遠近法と空気遠近法を駆使した「レオナルド・ダ・ヴィンチ」

　「遠近法なしでは、こと絵画に関して期待できるものは何もない」　これはレオナルド・ダ・ヴィンチの言葉です。画家としてはもちろん、彫刻、建築、土木や科学の分野でも優れた才能を発揮したレオナルド・ダ・ヴィンチは、「自分の芸術を真に理解できるのは数学者だけである」とも、語っています。代表作の『最後の晩餐』では、キリストたちが食卓を囲む部屋は透視図法で、正面の窓から見える風景は空気遠近法でと、遠近法を駆使して描かれているのが、わかります。幾何学的理論による裏づけとともに美を追求した天才、レオナルド・ダ・ヴィンチの出現により、はじめて、私たちは遠近法を手に入れることができたのです。

column

空気遠近法で描いた山並み。幾重にも連なる様子を、遠くへ行くほど淡く、青味を帯びて表現。

ることができない、自然の景色などを表現するのに用いる方法です。

　中世に至るまで重ね遠近法で描かれていた絵画の世界に、透視図法がもたらされたのは、15世紀のフィレンツェにおいてです。そのフィレンツェで、空気遠近法を

発見したのは、かのレオナルド・ダ・ヴィンチでした。代表作の1つ『モナ・リザ』の背景は、まさに空気遠近法による表現で、遠くへ行くほど輪郭がぼやけ、青味がかった色彩で描かれています。

　その後、ルネッサンス最盛期の

フィレンツェに多くの画家たちが絵の修行にやってきました。P.026で透視図法を広めた立役者として紹介したデューラーもその1人で、彼をはじめとした多くの画家たちによって、世界中に遠近法による描き方が広まったのです。

図法とは

ここではそもそも図法とは何かを解説します。

　ルネサンス期に絵画の分野で花開いた遠近法から、線遠近法の理論が構築され、遠近感をルールに沿って描く方法を考えたのが図法です。図法には大きく分けて、中心投象法（透視図）と平行投象法（投影図）に分かれます。透視図と投影図の大きな違いは人が物を見たときの形と物に当たる光の影という点です。前者は絵画や建築において物の形を見たままを描くときの図法で、後者は主に建築や機械の図面を描く場合に使われる図法といえます。

右図は図法を体系化したものです。

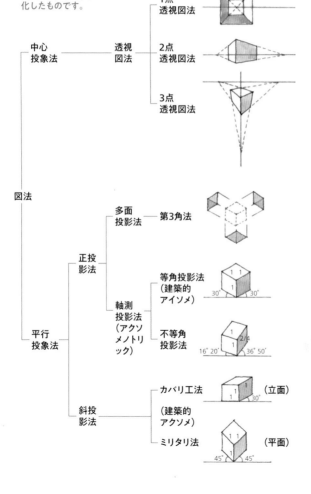

バナナを描く

　デューラー（ドイツの画家。1471-1528）の『測定論』でバナナを描こうとした図。描く人の視点を固定し、バナナと視点の間にグリッドのある透けた板を置いて、視点とバナナのA点を糸で結びます。グリッド画面とその糸の交点にA点を写し、さらに机の上の同じグリッドのある紙にA点を写せば良いのです。それを繰り返していけば立体が描けるという考え方です。

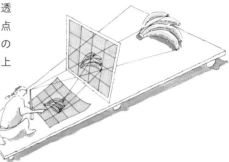

遠近を表す透視図法

　そもそも奥行きとは、人が見ている景色を実際の形に近付けて表現しようとしたときに必要な要素です。奥行きがきちんと描ければ、平面の紙の上で立体感を伝えることができます。その描き方を図法として解説したのが透視図法です。透視図はデューラーが解説したイラストと同じ要領で、描こうとするものと自分との間に透明なスクリーンを置き、そこに映るものを紙に写しとれば出来上がります。理屈はとても簡単ですが、実際にこの方法で描こうとするとかなり根気のいる作業で、挫折してしまいがちです。

遠くにあるものほど小さく見える

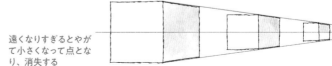

遠くなりすぎるとやがて小さくなって点となり、消失する

STEP 24
透視図で描く時の
3つのルールとは

ここでは、奥行きの描き方を解説します。
これを身に着ければ、
正確なパースが描けるようになります。

1つ目のルール

目の高さ（アイレベル）が
水平線と一致

　水平線と目の高さ（アイレベル）は一致します。海岸線に立って水平線を見た時に自分の目の高さにあることはあまり気が付きません。しゃがめば水平線は下がり、木に登ればその高さにと、描く人の視点についてきます。

2つ目のルール

奥行き線（斜めの線）は水平線上の消失点に集まる

　景色を見ていると、水平線上の1点に集まっていくような斜めの線が見えてきます。この斜めの線が奥行きを表し、1点に集中する点が消失点です。

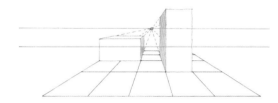

3つ目のルール

1つの消失点に集まる奥行き線同士はすべて平行

　1つの消失点に集まる斜めの線（奥行き線）は、実際は平行な位置関係にあります。その線は、建物の軒の線や、地面との境目の線に注目すると見つけやすいです。奥行き線が集まる消失点の数によって、正面（1点透視図）、斜め（2点透視図）、見上げるまたは見下ろす（3点透視図）になります。

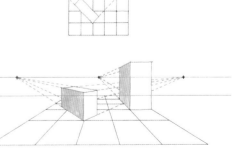

STEP 25
1点透視図法を描く手順

透視図法の中で、もっともシンプルな1点透視図は奥行き線が1つの消失点に集まるように描きます。水平線と消失点と奥行き線の関係をここでしっかり身につけましょう。

四角いボックスの部屋をPPで切り、断面パースを書くことで1点透視図を解説していきます。

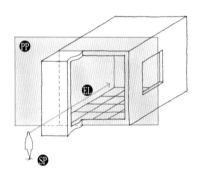

略語
PP:Picture Plane 投影面
SP:Standing Pont 立っている位置
EL:Eye Level 目の高さ
VP:Vanishing Point 消失点
FL:Floor Level 床面
GL:Gland Level 地盤面

1 平面図の配置とスタンディングポイント(SP)の決定

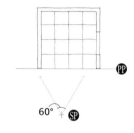

SPの位置は部屋の壁面がPP(投影面)と接する点が60°前後とすると自然。部屋の平面図を描く時はPPに接している部分が断面になります。

2 断面図の配置

パースを描く付近に高さがわかる断面図を描きます。

3 パースを描く断面の配置

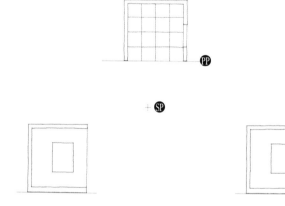

パースを描く位置に、PPと接している部屋の断面を描きます。

4 目の高さ（アイレベル）の決定

5 消失点（VP）を求める

6 奥行線（パース線）を求める

7 側面の壁の奥行を求める

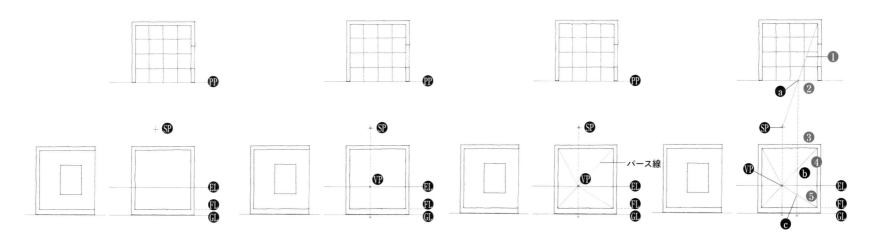

EL（アイレベル）を設定する。ELは視線の高さのこと。高い位置や低い位置でのアングルも必要な場合があります。

SPからEL（アイレベル）へ垂線をおろす。その垂線とELが交わった点が消失点となります。

平行な線が一点に集まることは述べました。そこで左右壁、上下の天井線が無限に奥まで伸びていくと考えて透視図を描きます。壁面と天井面の断面線の交点及び、壁面と床面は断面線の交点からVP（消失点）に向かって直線を引きます。この線をパース線と呼びます。

❶SPから平面図上の奥の壁面の断面線の交点へ直線を引きます。この線を足線（Foot Line）と言います。
❷この足線とPPの交点aを求めます。
❸交点aからELへ垂線を降ろします。
❹右側面の壁のパース線との交点のb,cを求めます。
❺交点bとcを結んだ線が壁の奥行の位置となります。

8 天井面と床面を求める

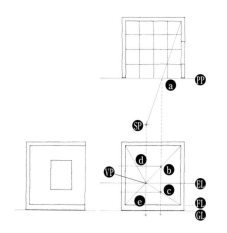

交点b、cからELに平行な直線を引いて、
交点d、eを求めます。

9 残りの壁面、天井面、床面を決定する

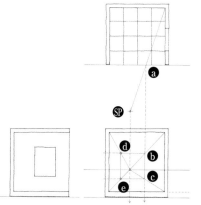

交点d、eを直線で結びます。

10 部屋の完成

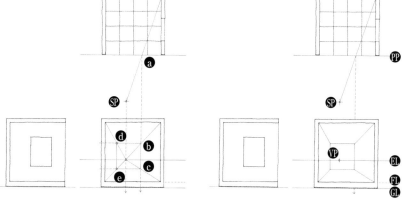

11 窓を描く 窓の高さを求める

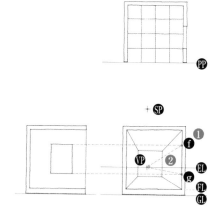

❶断面の窓の高さをPPまで窓があるとして、
　パースの断面の位置に水平線を引いて交
　点f、gを求めます。
❷交点f、gからVPへパース線を引きます。

12 窓を描く 窓の位置を求める

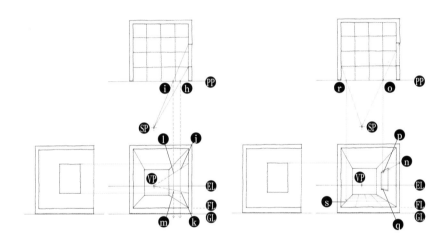

部屋の奥行を求めた時と同じ手順で、交点にh、i、j、k、l、mを求めます。
交点j、k、l、mを結んだ点が窓となります。

13 壁の厚さと床の目地を表現

奥行を求める手順でそれぞれ交点にn、o、p、q、r、sを求めます。

14 部屋の完成

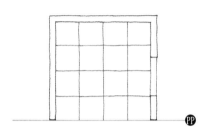

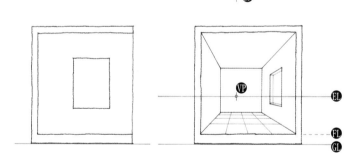

STEP 26
2点透視図を
描く手順

四角いボックスの箱を斜めにおいて、
PPに写して2点透視図を解説していきます。

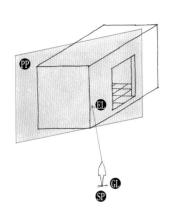

1 平面の配置と スタンディングポイント （SP）の決定

60° 30° ㏋

+ ㏚

平面図をPPに接して斜めに配置します。
角度は任意ですが、今回は三角定規が使い
やすい60°と30°に配置します。
ボックスの2面がともに見えるような位置にS
Pを設定します。近すぎると遠近感が狂うの
でPPとの距離に注意してください。

2 立面図の配置

60° 30° ㏋

+ ㏚

㏉

パースを描く範囲の横に高さがわかる立面
図を描きます。

3 パースを描く基準の 高さを求める

60° 30° ㏋

a

㏚ +

㏉

PPに接している辺が実長です。
接点aから垂線を引き、立面から伸びる高
さと交点を求めてGLまで高さの基準線を描
きます。

略語
PP:Picture Plane 投影面
SP:Standing Pont 立っている位置
EL:Eye Level 目の高さ
VP:Vanishing Point 消失点
FL:Floor Level 床面
GL:Gland Level 地盤面

4 アイレベル(EL)の決定

EL の設定は1点透視図と同じようにまずは
目の高さで決定します。立面図の縮尺で高
さを決め、パース面に EL を描きます。

5 消失点(VP)を求める

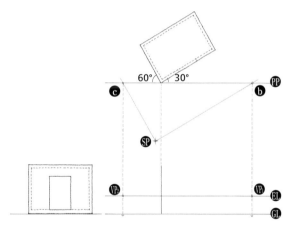

一つの平行線は一つの消失点を持つことか
ら、角度の違う平行線にそれぞれ消失点を
持ちます。
❶SP から各辺に平行な直線を引き、交点
bc を求めます。
❷交点 bc より垂線を下ろし、EL との交点
VP1、VP2 を求めます。

6 奥行線(パース線)を求める

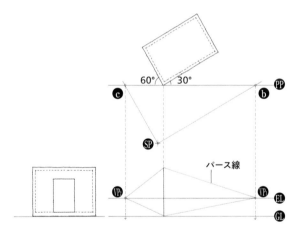

パース線

ボックスの屋根と GL と接する平行線は一点
(消失点)に集まることから、パース面の高
さの辺からそれぞれ消失点(VP)に向かって
奥行線(パース線)を引きます。

7 側面の壁の奥行を求める

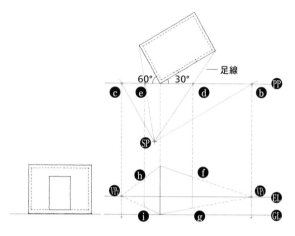

❶ SPから平面上のボックスの奥の角の点へ直線（足線）を引きます。
❷ 足線とPPの交点d、eを求めます。
❸ 交点d、eから垂線を下ろします
❹ パース線との交点f、g、h、iを求めます。
❺ 交点f、g、h、iをそれぞれ結び奥行を決定します。

8 ボックスの完成

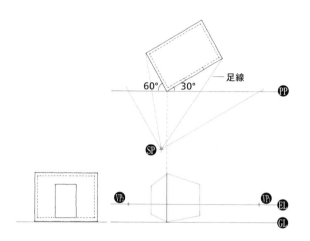

9 入口を描く
入口の高さを求める

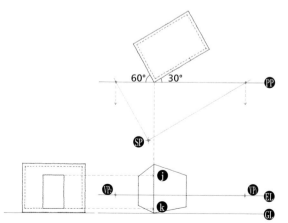

立面の入口の高さをPPまで入口があるとして、パース面に水平線を引いて交点j,kを求めます。

10 入口を描く

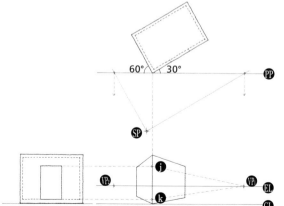

交点j、kからVP1へパース線を引きます。

11 入口を描く
入口の位置を求める

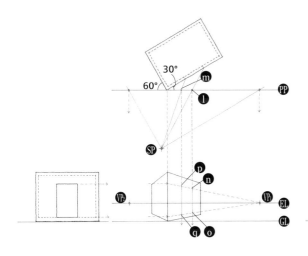

ボックスの奥行を求めた時と同じ手順で交
点l、m、n、o、p、gを求めます。
交点n、o、p、qをそれぞれ結んだ線が入
口の位置となります。

12 入口を描く
壁の厚さを求める

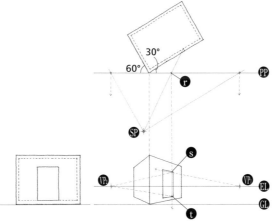

奥行を求める手順で交点r、s、tを求め、
交点s、より消失点（VP）へパース線を引き
ます。

13 入口の完成

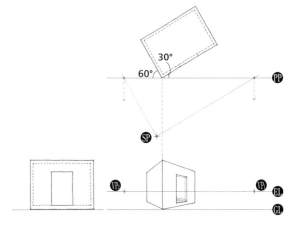

床の目地を描いて完成です。

STEP 27

3点透視図を描く手順

四角いボックスの箱を、
空の上から眺めてPPに写し、
高さのVPを加えた
3点透視図を解説していきます。

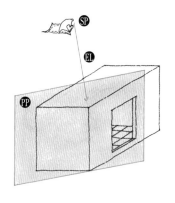

略語
PP:Picture Plane 投影面
SP:Standing Pont 立っている位置
EL:Eye Level 目の高さ
VP:Vanishing Point 消失点
FL:Floor Level 床面
GL:Gland Level 地盤面

1 平面図、立面図、SP,EL を配置する

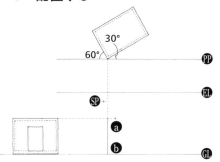

2点透視図を描く配置で、ELをボックスの上の位置に設定する。

2 消失点（VP）を求める

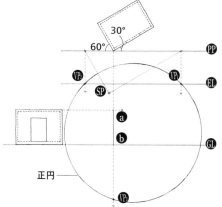

正円

2点透視図の手順で、PP、VPを求めます。VP1とVP2の直線を弦とする正円を描き、ボックスとPPの接点からの垂線との交点VP3を求めます。

3 奥行線（パース線）を描く

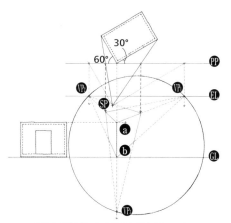

高さの基準点a,bよりそれぞれVPへパース線を引き、2点透視図と同様の手順で奥行を決定してボックスの外形を完成させます。

4 入口を描く

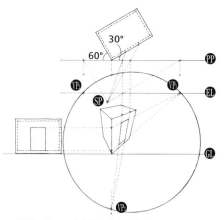

同様に入口の位置を、奥行を決定する手順で描いていきます。

5 ボックスの完成

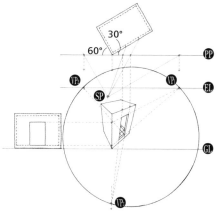

壁の厚み、床の目地を描いて完成です。

STEP 28
正方形と対角線

　パースを描くための「3つのルール」を取り上げましたが、実はもう1つ簡単パースに役立つ4つ目のルールがあります。「**4つ目のルール：直線に並んでいるものは、透視図の中でも直線上に並ぶ**」です。この規則と**正方形**と**対角線**の均等に分割されていくシステムを組み合わせることで、いろいろな寸法のグリッドを作り出すことができます。その上で対角線を基準としたパース上の分割、増殖も学びましょう。

【分割】

正方形を元に、平面上に置かれた正方形の図と、それを透視図上に正方形を描いた図です。
対角線を基準にしてそのガイド線を描いて、それぞれ正方形を分割しています。
下図の正方形の透視図にそれぞれのガイド線を描き込んでいけば、
パース上での分割が簡単にできあがります。

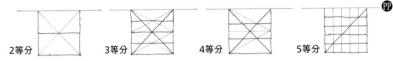

2等分　　3等分　　4等分　　5等分

正方形を対角線を使って2等分、4等分、3等分、5等分にしています。

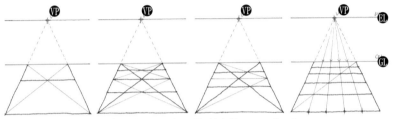

VP（消失点）から出ている斜めの線が奥行線でパース線です。

【対角線】

正方形は辺および角度がすべて一緒ですから、
そこにクロスの対角線を描けば、4つの二等辺三角形が描かれます。
クロスされた中心に、水平垂直に直線を描くことによって、
最初の正方形は4等分されます。
この分割の性質を利用すれば、パースグリッドを簡単に描けます。

正方形　　　　対角線を描く　　　　クロスにする

垂直線を描く　　　　水平線を描く

【増殖】

分割と同じように、正方形と対角線を使っての増殖です。
2等分中心線やグリッド上の対角線を使って増殖させます。

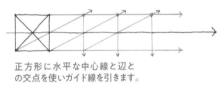

正方形に水平な中心線と辺との交点を使いガイド線を引きます。

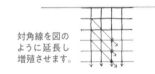

対角線を図の
ように延長し
増殖させます。

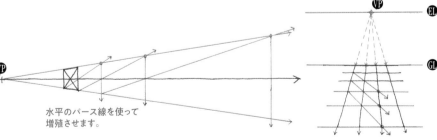

水平のパース線を使って
増殖させます。

パース線上の格子の増殖です。

STEP 29

投影図を描く手順

平行に届く光によって投影された
点を結んでできる図面。
等角投影法（アイソメ）と
軸測投影図法（アクソメ）の
描き方を解説します。

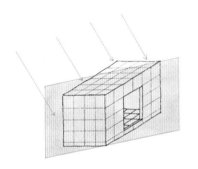

等角投影法（アイソメ）

　建築的に「アイソメ」（アイソ
メトリック図法）といわれている
図法。水平軸に対して両側を30°
に開いて起こしていきます。中心
の角を120°に開いて平面図を起
こし、高さを垂直に入れていく図
法です。対象物の見た目のサイズ
を正確に確認することができます。

1 等角投影法（アイソメ）を描く

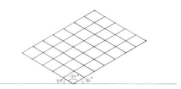

水平に対して両側を30°に開いたグリッドを
起こします。

2 平面図を描く

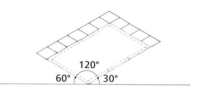

角を水平面に置きます。

3 高さを描く

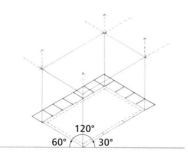

各コーナーから垂直に、実寸の縮尺で高さ
を立ち上げます。その交点を結んでボック
スの外形を描きます。

4 ボックスを描く

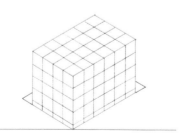

それぞれの面にボックスのグリッドを描きます。

5 完成

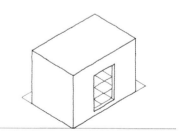

入口、床の目地を描いて完成です。

軸測投影図法（アクソメ）

建築的に「アクソメ」（アクソノメトリック図法）といわれます。簡易に外形を確認できる図法です。水平軸に対して対象物の平面図をそのまま置き、高さを垂直に入れていけばよいのです。平面の置き方は60°／30°が一般的ですが、図面の角は90°を保ちます。

1 軸測投影図法（アクソメ）を描く

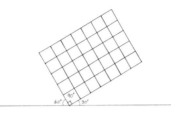

水扁面に対して60°/30°のグリッドを起こします。

2 平面図を描く

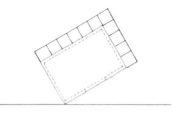

角を水平面に置きます。

3 高さを描く

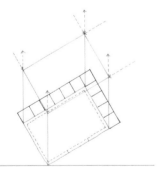

各コーナーから垂直に、実寸の縮尺で高さを立ち上げます。その交点を結んでボックスの外形を描きます。

4 ボックスを描く

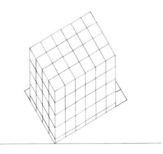

それぞれの面にボックスのグリッドを描きます。

5 完成

入口、床の目地を描いて完成です。

透視図法で
明日館を
スケッチする

フランク・ロイド・ライトの遺した建築は日本にいくつかありますが、
明日館は、低く抑えた高さ、椅子に至るまで
トータルにデザインされた菱形のモチーフなど、
ライトの設計思想に触れることができる数少ない建築の1つです。
ここでは、シンプルでリズム感のある明日館を題材に、
透視図法の描き方を練習しましょう。

明日館の正面。1点透視で描く図の参考になります（P.106）。

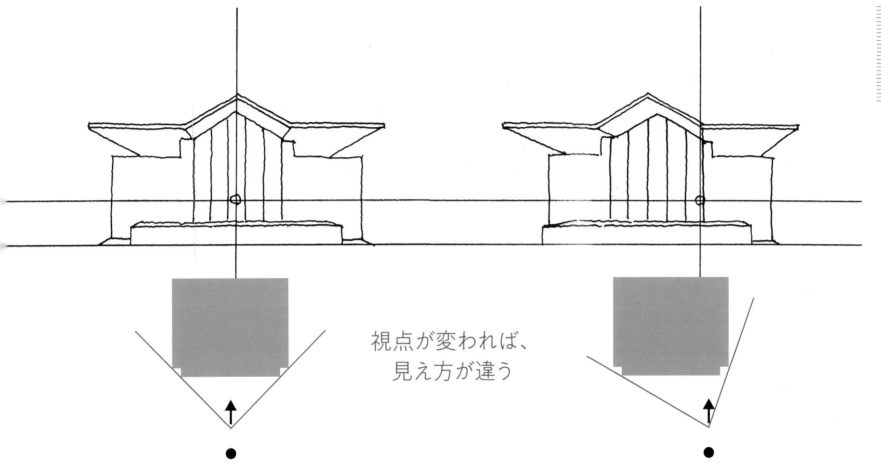

視点が変われば、
見え方が違う

立つ位置によってスケッチする対象の印象が変わります。建物正面に向かって立てば、消失点は建物の中央になり、どっしりと安定感のある落ち着いたイメージの構図になります。そこから少し横に移動すると、消失点も平行移動する分、建物が左右アシンメトリーに見えて、動きのある表現になります。

　初心者には、構図を決めること自体がむずかしく感じられるでしょう。それもそのはず、構図のよしあしでスケッチの出来不出来がほぼ決まります。迷う場合は、いろいろな構図で描いてみることです。ゴッホだって、ひまわりの習作を何枚も描いているのです。何枚描いても飽きない、好きな題材を身近に見つけることをお勧めします。

1点透視でファサードを描く

透視図法の中で、もっともシンプルな1点透視図は、
奥行き線が1つの消失点に集まるように描きます。
水平線と消失点と奥行き線の関係を、
ここでしっかり身につけましょう。

目の高さの水平線を設定、
次に建物中心を通る
垂直線を引きます。
1点透視図の場合、
2つの線の交点が消失点に。

水平線と垂直線、
消失点の3つを手がかりに、
建物の輪郭を描いていきます。
明日館の特徴的な屋根のラインと、
地面に接する線で
大まかな構図を決め、
バランスを見ながら
奥行きを表す軒線や
回廊の床線を描いていきます。

水平線上に
消失点を見つける

　明日館の正面中央に向かって立ったら、まっさきに水平線を設定します。水平線は、一番大事な基準線で、自分の目の高さ（アイレベル）でしたね。明日館では中央2本の柱の間の根元近くに水平線

が通ります。次に、建物の中心を通る垂直線を引きます。1点透視図の場合、垂直線が水平線に直交する点が消失点になります。屋根の両側の軒線を延長してみれば、必ず消失点で交わるはず。もし、ずれるとすると、それは奥行き線の角度が違っている証拠ですから、もう一度よく確認しましょう。

鉛筆の線画の完成。
1点透視図の安定感のある構図が、
端正な表情の明日館の
ファサードをよく表しています。

水彩絵の具で銅版葺きの屋根の緑や
壁のイエロー・オークルを着彩。
軒下の濃い影で、
南向きの明日館の明るい表情を表しました。

2点透視で奥行きを描く

1点透視図が威風堂々とした静止画なら、
2点透視図はダイナミックな動画。
アシンメトリーな構図には、一瞬を切り取ったような動きがあります。

明日館を斜めから見て、
2点透視図を描きます。

まず、水平線と垂直線を引くのは
2点透視図でも同じです。
ただし、建物に対して
斜めの位置から見ているので、
垂直線は明日館の
左角の位置になります。

二方向に奥行き線を持つ2点透視

　スクランブル交差点の角から、
斜め向かい側を見ると、角に建つ
正面の建物の両サイドが見えます。
この視点が2点透視です。私たち
がふだん、目にしている風景は、

このように斜めからのアプローチ
がほとんどで、スケッチでもよく
描かれる構図です。1点透視図と
同じように消失点は必ず水平線上
にあります。もっと正確に消失点
を設定する作図法もありますが、
ここではより手軽な方法で描くこ
とにします。

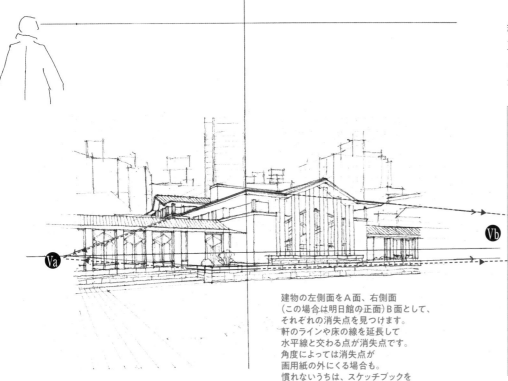

建物の左側面をA面、右側面
（この場合は明日館の正面）B面として、
それぞれの消失点を見つけます。
軒のラインや床の線を延長して
水平線と交わる点が消失点です。
角度によっては消失点が
画用紙の外にくる場合も。
慣れないうちは、スケッチブックを
見開きにして消失点を見つけてください。
慣れてきたら、目見当がつくようになります。

奥行き線（軒のラインや、床の線）が、画用紙に描けたら、
建物の角や柱の線など、順に細部を描いていきます。

1点透視では描けなかった
奥行きが表現できるのが2点透視図法です。
1点透視図が建物の顔だとしたら、
2点透視図では建物の
プロポーションを伝えることができます。

3点透視で高さを描く

第3の消失点が垂直線上にくる3点透視図は、
空間の持つスケール感を表現できる図法です。
空を飛ぶ鳥の目、地を這う虫の目で見るというイメージで捉えましょう。

明日館内部ホールを
2階から見下ろす3点透視を描きます。

第3の消失点を見つけるコツは、
垂直線からなるべく遠い平行線を延長すること。
この場合は、一番外側の柱の線を使いました。
2階から1階を見下ろす程度の高さだと、
消失点はかなり離れたところになります。
ちなみに第1の消失点（V1）は画面左に、
第2の消失点（V2）は、画面よりもっと右になります。

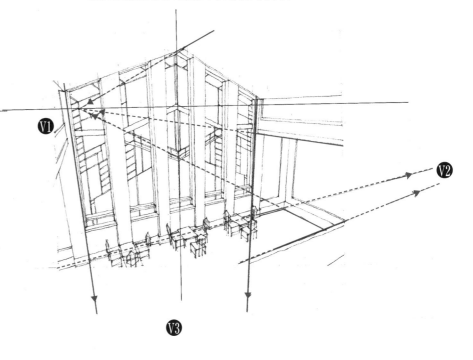

目の高さ（アイレベル）に水平線を設定したら、
垂直線を構図の中心を通って
水平線と直交するように引きます。
明日館ホールの中を2階廊下から見下ろしているので、
水平線は建物の天井近くに、
垂直線はホール中央に。

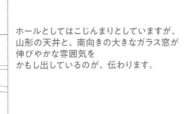

ホールとしてはこじんまりとしていますが、
山形の天井と、南向きの大きなガラス窓が
伸びやかな雰囲気を
かもし出しているのが、伝わります。

3つ目の消失点は
垂直線上に存在する

　建物を目の高さで水平に見る以
外に、間近から見上げたり、また
上から見下ろすこともあります。

　建物の高さやスケール感を表現
するときに役に立つのが3点透視
図法です。1点透視図、2点透視
図との違いは、3つ目の消失点（V3）
が、水平線に直交する垂直線上に
プロットされることです。今まで
水平移動だけだった視点に、高さ
（垂直）が加わるのが3点透視図
です。

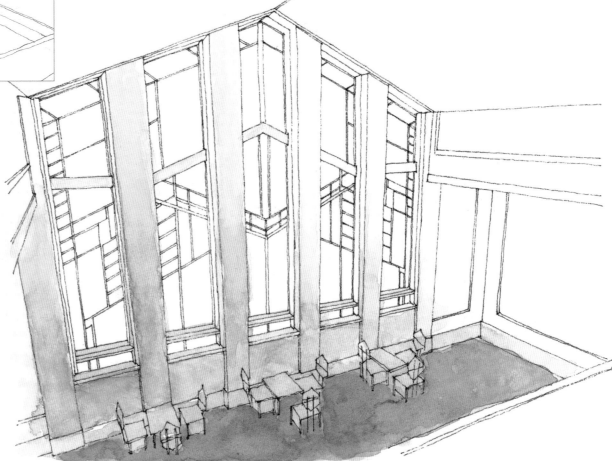

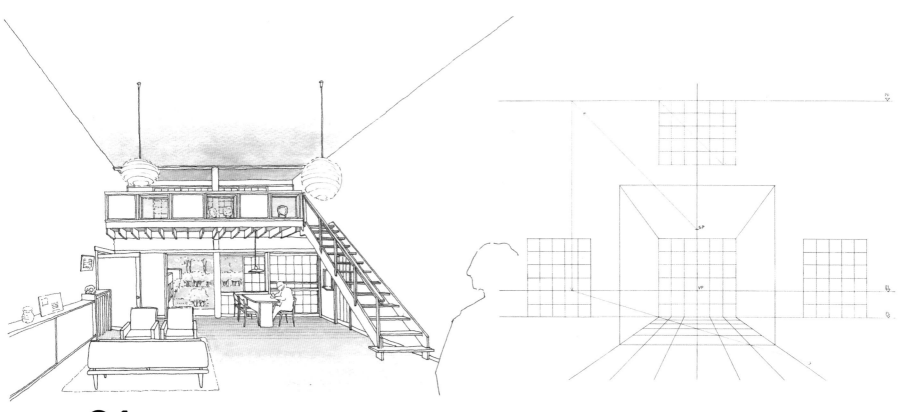

STEP 31
内観透視図（パース）を
描いてみる

前川邸の内観透視図です。センターより少し左側にたって、
右側のシルエットの目線の高さで描いています。真正面より少しずれることで、
透視図に少し動きを表現することができます。階段を強調できますので、
2階へと空間が移動していく感じが表現され、
ダイナミックさがうまく描かれます。
色の付け方は、あまり塗りすぎず、ポイント的に塗ることがコツです。

透視図を描くガイドは正方形グリッド

　透視図を描くコツは、床、壁に
グリッドを引いて、それをガイド
にして、描くことです。平面図、
立面図のグリッドを透視図上にグ
リッド化して、それをガイドとし
ます。正方形のグリッドは、対角
線がすべて一致しますので、その
理屈を利用して、透視図上にグリ
ッドを起こせば、パース化される

のです。平面上のグリッドの対角
線と同じ角度（45度）の線をSPか
らPPに引き、その点をELライン
に下ろして、FLのグリッドのコー
ナーへと結んで、透視図上の対
角線を描きます。その線と各パー
ス線の交わったところが、パース
上のグリッド線となります。後は
その線を壁に立ち上げてください。

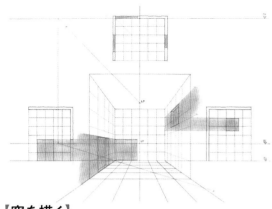

【窓を描く】

立面図（内部展開図）にある窓（ブルー）を、いったんPP上に描かれているグリッドまで戻し、その高さをパース上に手前に引き出していき、側面の壁に描かれているグリッドと立面図のグリッドをあわせて、点をとって描きます。

【2階のフロアを描く】

高さ、位置は窓と同じようにPP面から確定していき、グリッド上に落とし込みます。窓の時にも出しましたが、グリッドの半分をパース上確定するときは、正方形の内部に対角線をクロスに引き、その交点が2分の1になることを使って確定します。

【階段を描く】

VPに対してまっすぐな上りや下りを描くときは、VP上の垂線にその上り下りのVPを見つけることがコツです。右立面図の階段の1段目と6段目の先の部分をパース上にとり、それを結んだ線を延長して、VPの垂線と交わった点が階段のVPです。

内観透視図の描き方

　透視図はPP上に描かれたものだけが、描く縮尺にて寸法を確定できます。PPから離れているものは、一端PPに戻してから、パース線上に持って行って描きます。このときに、先にパース上に描いているグリッドが役に立つのです。Chapter1で使ったやり方と同じように、同じグリッドに載っている点を探して、描いていけばよいのです。

【3つの要素を合わせる】

窓、フロア、階段を合わせれば完成です。前川邸の内観パースもこのように1つずつ分解して点を取っていけば描けます。

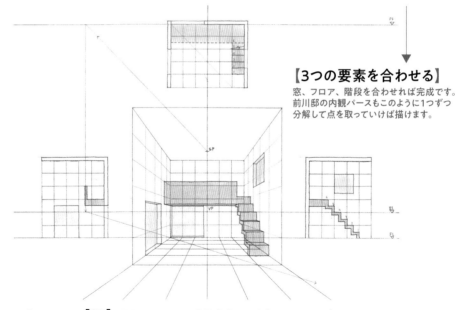

[PP] 透視図が描かれる画面、投影面ともいう（Picture Plain）
[SP] 描くための見ている位置、視点ともいう（Standing Point）
[VP] 平行線が収束する消失点、焦点ともいう（Vanishing Point）
[EL] 描くための視線の高さ（Eye Line）、水平線ともいう（Horizon Line）

127

民家を正面から描くには

建物を描きたいとき、一番簡単なのは正面のスケッチです。
真正面に相対して、建築の立面を描きあげれば、80%は出来上がりです。
あとは、背景の木々などを添えれば良いのです。

手前のあぜ道から正面を描きました。
建物では奥行きは
表現できないので、
手前の畑を描き入れることで
奥行き感を出してみました。
（富山県上平村（現・南砺市）岩瀬家、
重要文化財）

民家は単彩で描くと
しっとりとした風情になります。
一色で描くとき難しいのは、
立体感ですが、
影になる部分だけ注意深く
色を差していけば、表現できます。
（西津軽郡車力村民家・青森）

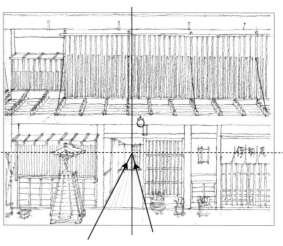

格子のファサード（外観）の
美しさを表現したくて、
あえて線画にしました。
ここに丹念に影を加えると、
もっと奥行きが出て、
情趣あふれるスケッチになります。
（奈良井宿民宿の伊勢屋・長野）

道路から一段低い畑を挟んで、
手前の道から描いています。
立っている位置のほうが少し高いので、
水平線（アイレベル）が、
軒の線ぎりぎりのところにきています。
（竹富島の民家・沖縄）

33

斜めから、
建築の量感を描くには

ふだん私たちが建物を見るときは、
ほとんどの場合、斜めの位置からです。
よほどのことがないかぎり、わざわざ正面に立って
見ることは少ないはずです。スケッチする場合も、
斜めから描くことが多いので、2点透視の描き方は
確実にマスターしておくことをお勧めします。

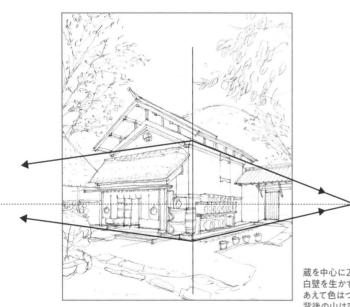

蔵を中心に2点透視でオーソドックスに描いてみました。
白壁を生かすため、脇に立つ木の影だけを落とし、
あえて色はつけていません。
背後の山は空に近い青緑にして、
遠近感を表現しました。
（大内宿、蔵の酒屋・福島）

運河にかかる石作りの橋を配して、
画面奥の洋館へと続く奥行きを描きました。
水面に映りこみを描き込むと、
水辺のニュアンスが表現できます。
（倉敷旧市街の洋館、観光案内所・岡山）

34

奥行きを正確に表現するために便利な「簡略法」とは

ギリシアのパルテノン神殿の列柱のように、
等間隔で並ぶものを遠近法で描くとき、
補助線をうまく使うと、
サクサクと正しい縮尺で描くことができます。
名づけて「簡略法」。
覚えておくと役に立つ方法です。

補助線が正しい遠近感を導く

　風景や建物を描いていると、奥行き方向に等間隔に並んだ列柱や、規則正しくはめ込まれた石畳などにたびたび出くわします。整然と並ぶ柱が、遠ざかるにつれて少しずつ、見かけの距離が詰まっていく様子を、正確に描くときに役に立つのが、ここで紹介する簡略法です。

　水平線、消失点、奥行き線を目安にして、補助線を引くことで、間の柱の位置を割り出していく方法です。決まった範囲内に割り付けていく方法と、範囲外へ増やしていく方法がありますが、どちらも原理は同じこと。アルハンブラ宮殿の列柱で範囲内の割り付けを、鞍馬寺の参道の石畳で、手前に増やしていく、両方のやり方を、プロセスを追って具体的に説明していきます。

アルハンブラ宮殿の中庭です。
列柱の並びが奥行きを
表現しています。

等間隔の列柱を正確に描く

アルハンブラ宮殿の中庭を囲む回廊には、
等間隔に列柱がめぐらされています。
画面左奥の5つの列柱を簡略法で割り付けて、
正しい遠近感で描いてみましょう。

消失点

列柱を描くための
基準のパース線（消失点に集まる線）を
正確に描くことが大切です。

奥行き線（パース線）

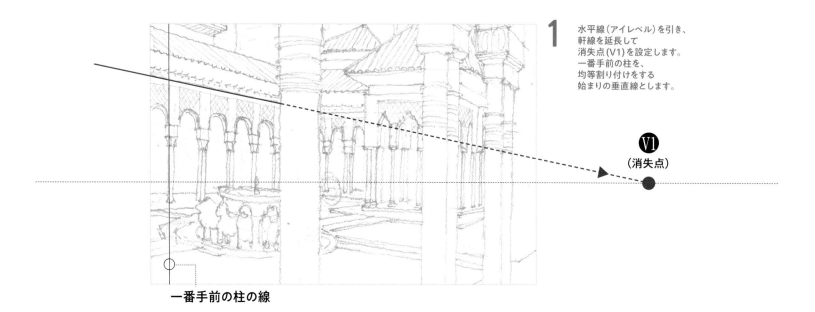

1 水平線（アイレベル）を引き、
軒線を延長して
消失点(V1)を設定します。
一番手前の柱を、
均等割り付けをする
始まりの垂直線とします。

V1
（消失点）

一番手前の柱の線

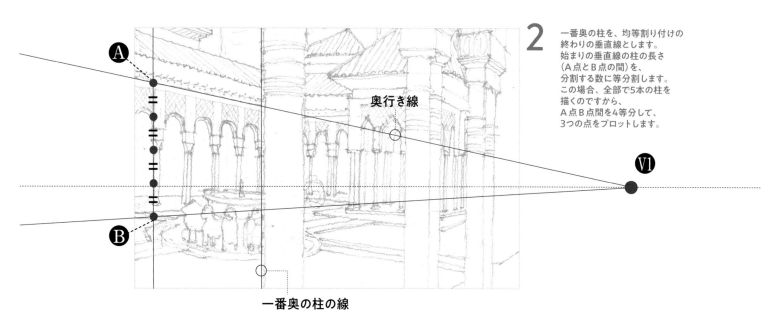

2 一番奥の柱を、均等割り付けの
終わりの垂直線とします。
始まりの垂直線の柱の長さ
（A点とB点の間）を、
分割する数に等分割します。
この場合、全部で5本の柱を
描くのですから、
A点B点間を4等分して、
3つの点をプロットします。

Ⓐ

Ⓑ

奥行き線

V1

一番奥の柱の線

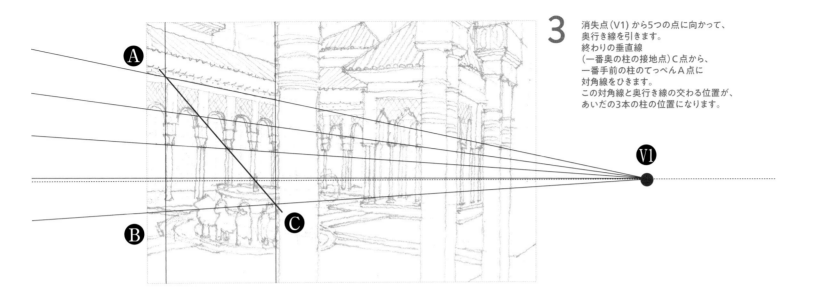

3 消失点（V1）から5つの点に向かって、
奥行き線を引きます。
終わりの垂直線
（一番奥の柱の接地点）C点から、
一番手前の柱のてっぺんA点に
対角線をひきます。
この対角線と奥行き線の交わる位置が、
あいだの3本の柱の位置になります。

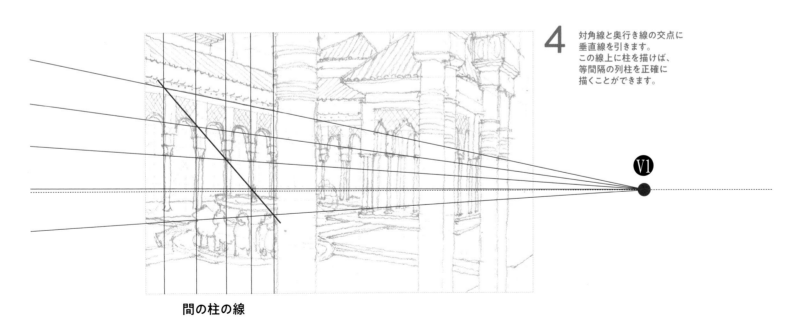

間の柱の線

4 対角線と奥行き線の交点に
垂直線を引きます。
この線上に柱を描けば、
等間隔の列柱を正確に
描くことができます。

石畳の連続性を
自然に見せる

京都の鞍馬寺の参道は、
正面の階段まで石畳が整然と続いています。
今度は、この石畳を手前に向かって、
正しい距離感で描き足していきましょう。

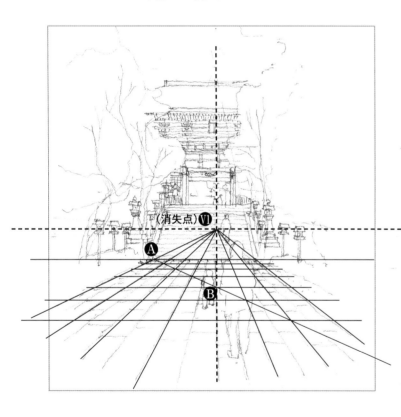

（消失点）Ⓥ

Ⓐ

Ⓑ

1

水平線（アイレベル）を引き、水平線上に消失点（V1）を決めたら、消失点（V1）を通る垂直線を引いておきます。水平線に平行に、石畳の始まりの線を引き、道幅を均等割りにした目盛りを入れます。この場合、石畳は14列あるので、2列1組の7等分にしましょう。

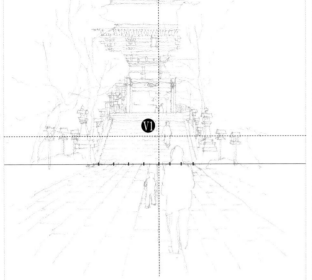

2

石畳の始まりの線から数えて、石畳4つ目の継ぎ目に水平線と平行に線を引き、ここまでを仮りの割り付け範囲とします。消失点（V1）から、石畳の始まり線上の分割点を通る、奥行き線を引きます。全部で7本の奥行き線が引けます。

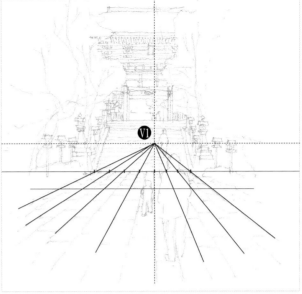

3

石畳の始まりの線のA点から、4つ目の継ぎ目線上のB点を通る対角線を引きます。奥行き線と交わった点を通る水平線が、石畳の継ぎ目になります。そのまま延長すると残りの奥行き線と交わり、それが継ぎ目になります。

4

もっと描きたす場合は、対角線の始点を手前のA'に平行移動してB'へ対角線を引けば、さらに描き足していくことができます。

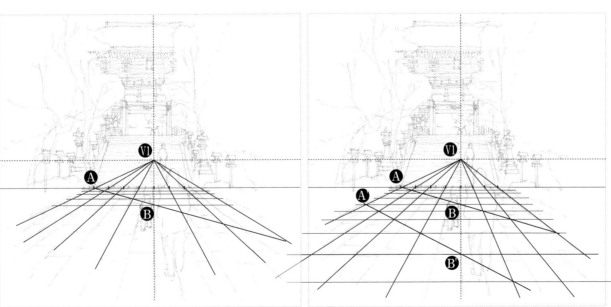

STEP 35
見上げて高さを表すには

高さを表現する3点透視は、
3つ目の消失点が
垂直線上にくるため、
慣れないと難しいもの。
まっすぐ一直線に見上げる構図なら、
第3の消失点だけ
考えればいいので、
初心者にも簡単に
描くことができます。

水平線上に右と左、
垂直線上にも消失点のある
3点透視の構図です。
直線的な建築なので、
壁の線を追って描いていけば、
正確に描けます。
（フィレンツェの市庁舎にて
中庭を見上げる）

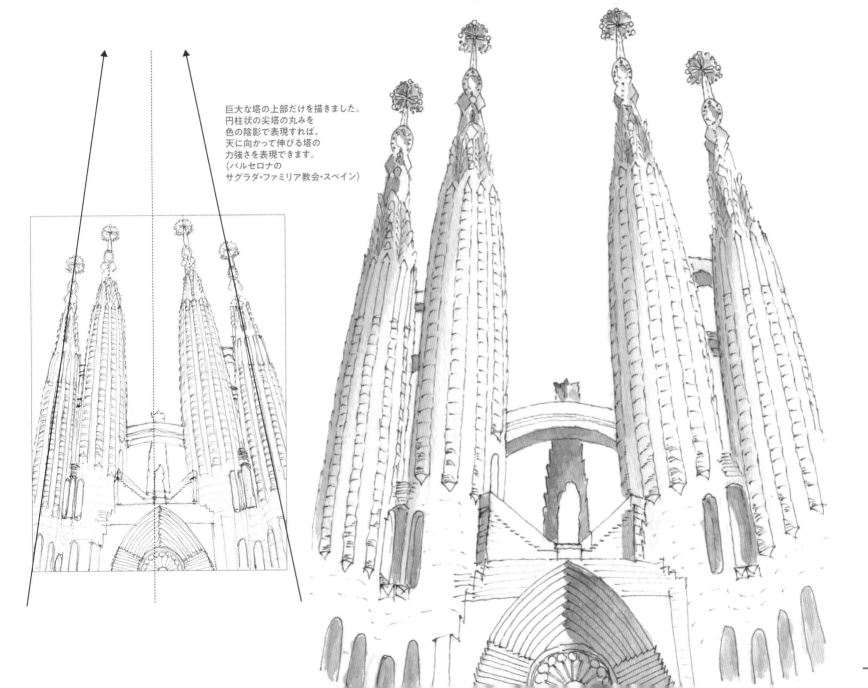

巨大な塔の上部だけを描きました。
円柱状の尖塔の丸みを
色の陰影で表現すれば、
天に向かって伸びる塔の
力強さを表現できます。
（バルセロナの
サグラダ・ファミリア教会・スペイン）

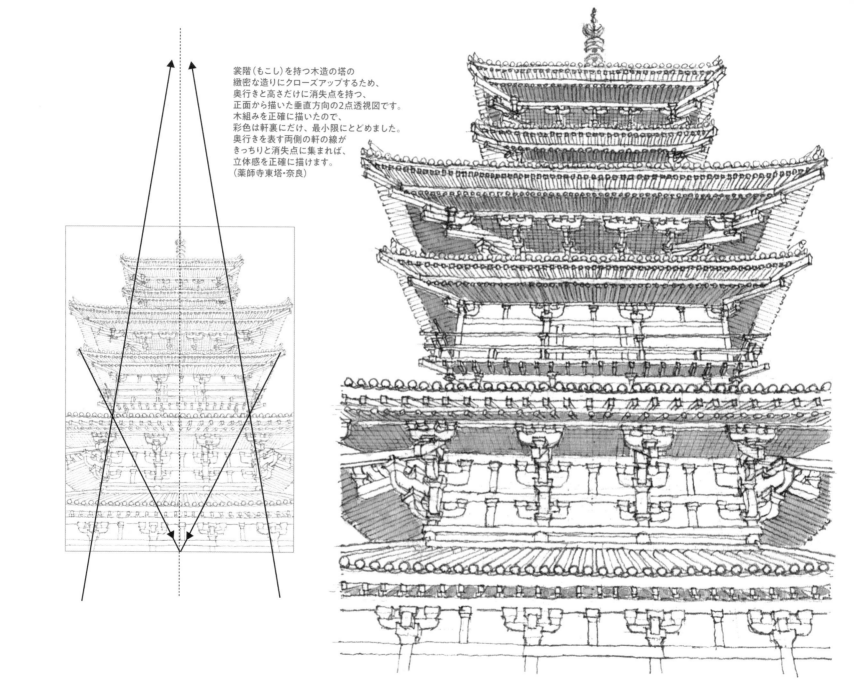

裳階（もこし）を持つ木造の塔の
緻密な造りにクローズアップするため、
奥行きと高さだけに消失点を持つ、
正面から描いた垂直方向の2点透視図です。
木組みを正確に描いたので、
彩色は軒裏にだけ、最小限にとどめました。
奥行きを表す両側の軒の線が
きっちりと消失点に集まれば、
立体感を正確に描けます。
（薬師寺東塔・奈良）

小高い岡の上に立つ建物を、
ふもとから描いています。
建物の壁そのものが
内側に傾いているので、
実物以上に高さを感じさせます。
緑の破線は建物が傾斜しているため、
内側に傾いていることを示しています。
（ブータンのトンザゾン［寺］）

STEP 36
上り坂を表現するには

スケッチ心をくすぐるアングルは、
どういうわけか坂道沿いのことが多いもの。
坂道がきちんと坂道に見えるように描くには、
正確に消失点を見つけ出すことが鍵になります。

正面からの1点透視図ですが、
道はそのまま階段へとまっすぐ
続いているので、上る消失点は、
水平線上の消失点を通る
垂直線上にあります。
階段の両脇の線を延長すると
簡単に見つかります。
（京都の鞍馬寺参道）

上り坂での
消失点の見つけ方

　スケッチしに街に出て、いざ描いてみようとしたらそこは坂道ということは良くあること。街中に平らな場所は意外と少ないものです。坂道沿いの街並みは、それほどドラマチックな魅力に満ちているといえます。しかし、坂道ほど手に負えない構図はありません。とくに遠近法を学んだばかりの初心者にとって、遠ざかるスロープをきちんと上り坂に見えるように描くのは至難の技。事実、坂道が描き切れなくて挫折してしまう人が多いのです。まず、上り坂をマスターしましょう。

　上り坂や上り階段を描くとき重要なのは、上る平行線の消失点が、水平線に対して、どこに位置するのか見つけることです。上る平行線の消失点は、水平線と直交する垂直線上にあります。坂道や階段の両側の線をたどっていって、垂直線上の消失点を見つけましょう。

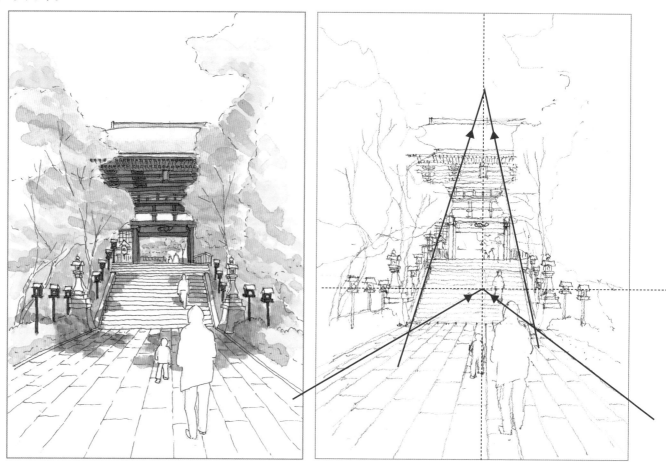

手前の上り坂と、
奥に続いている階段が曲がっているので、
上る消失点はそれぞれ別にあります。
坂道の消失点は道沿いの塀の
消失点を通る垂直線上です。
奥の階段は左に曲がっているので、
曲がっている角度の延長線上になります。
（奈良の二月堂参道・奈良）

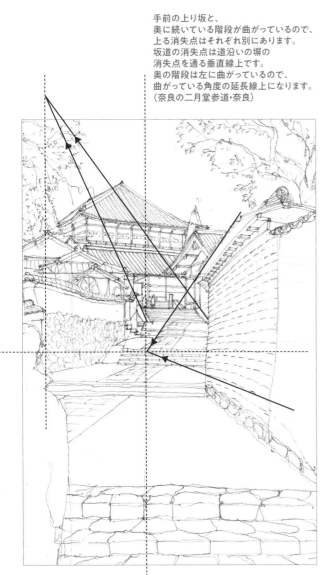

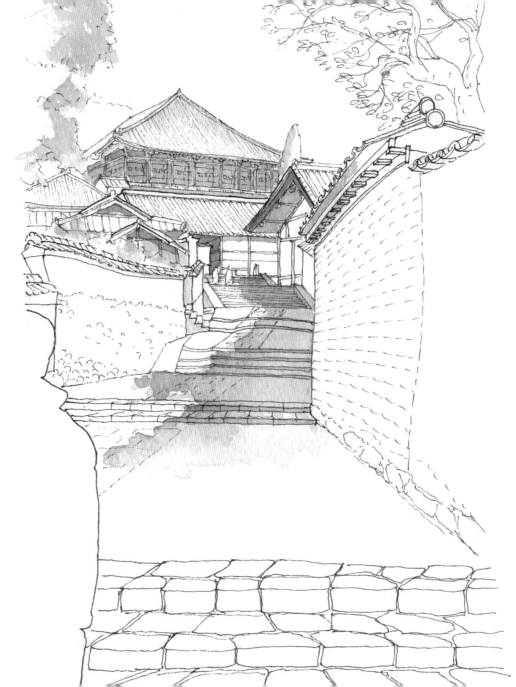

STEP 37

下り坂を
表現するには

基本は上り坂と同じ、
垂直線上に消失点を見つければよいのです。
ただし、下り坂の場合、正しい高さのアイレベルに
水平線を見つけることが、鍵を握ります。

下り坂では水平線に注意

　上り坂が把握できれば、下り坂は簡
単。要は垂直線上の消失点の位置です。
上り坂の消失点が水平線より上にあっ
たのに対し、下り坂の消失点は水平線
の下になるだけです。ただし、ここで
1つ注意しなければならないのは水平
線の高さです。下り坂の場合、下方向
を見下ろしているために、実際のアイ
レベルよりも下にあると勘違いしやす
いのです。高い位置に立っているので
すから、画面上では、水平線はずっと
高い位置にあります。顔をまっすぐ上
げて、正しい水平線を見つけましょう。

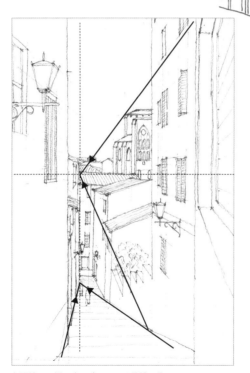

水平線は、坂の上に立っている目線の先、
正面の建物の屋根の真ん中あたりに。
まっすぐに下る坂道の消失点は、
水平線より下の垂直線上にあります。（フィレンツェ・イタリア）

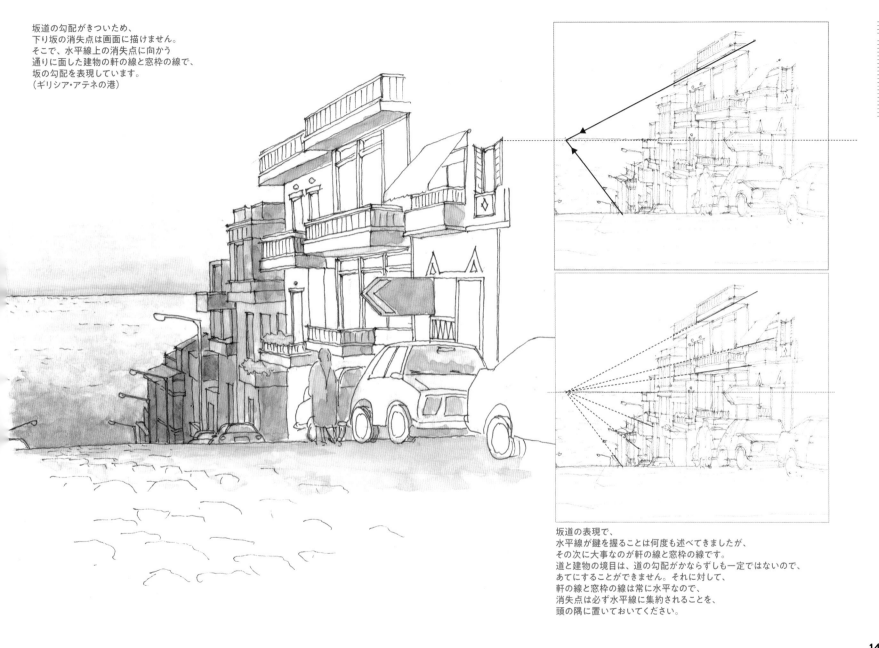

坂道の勾配がきついため、
下り坂の消失点は画面に描けません。
そこで、水平線上の消失点に向かう
通りに面した建物の軒の線と窓枠の線で、
坂の勾配を表現しています。
（ギリシア・アテネの港）

坂道の表現で、
水平線が鍵を握ることは何度も述べてきましたが、
その次に大事なのが軒の線と窓枠の線です。
道と建物の境目は、道の勾配がかならずしも一定ではないので、
あてにすることができません。それに対して、
軒の線と窓枠の線は常に水平なので、
消失点は必ず水平線に集約されることを、
頭の隅に置いておいてください。

上る曲がり道を
表現するには

まっすぐに伸びる坂道をマスターしたところで、
カーブと坂が組み合わさった道にトライしてみましょう。
実際、街で見かけるのは、
このタイプの曲がる坂道が多いのです。

カーブは水平線上、
坂は垂直線上に
消失点がずれて行く

　シエナのおしゃれな通りです。規則
正しく並ぶアーチ型の列柱や窓が、歴
史を感じさせます。「曲がる」という
のは平面上を方向転換することで、「上
る」のは垂直方向へ移動することです。
つまり、曲がり道の消失点は、水平線
上を左右に移動、上る坂道は垂直線上
を上に向かってずれるのです。右ペー
ジで、曲がる坂道沿いに建つ建物がそ
れぞれどこに消失点を結ぶか、解説し
ます。

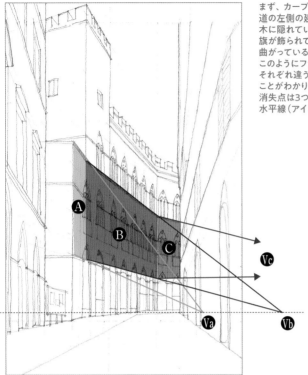

まず、カーブだけに注目してみましょう。
道の左側の建物は、実は3つの部分に分かれます。
木に隠れている部分A、その先のカラフルな
旗が飾られている部分は、途中で鍵の手状に
曲がっているのでB、Cに分かれます。
このようにファサードを面として捉えてみると、
それぞれ違う消失点（Va、Vb、Vc）を持つ
ことがわかります。窓の線は水平なので、
消失点は3つとも、
水平線（アイレベル）上にあります。

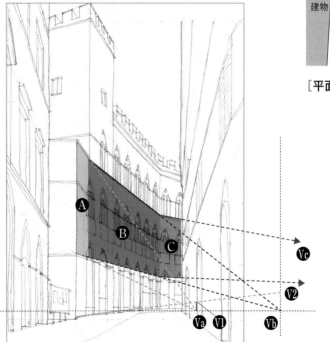

［平面図］

次に道の勾配に注目します。
手前のA面は、先に続くB面と
同じ勾配ですが、右図の通り
曲がる角度が異なるため、
上り道の延長線（点線）の
消失点（V1、V2）は、
それぞれVa、Vbの垂線上に
同じ高さで消失します。

STEP 39

下がる
曲がり道を
表現するには

上る曲がり道の描き方がつかめたら、
下がる曲がり道は予測がつきますね。
違いは一点だけ。
下り坂の消失点は、水平線より下の
垂直線上にくることだけです。

正確に消失点を見つけだす

　奈良井宿の街道沿いの家並みです。
木造の古い民家が当時のまま残ってい
て、まるで江戸時代にタイムスリップ
したかのような、スケッチ心をそそる
風情のある景色です。が、スケッチす
るとなると、1軒ごとに少しずつ道沿
いに曲がっていて、しかも下がってい
るので、正確に描くのは、かなり難し
い構図です。丁寧に1軒ずつ軒の線と
地面の線の延長線を、正確に延ばして
いき、消失点を見つけ出して描いてい
きます。

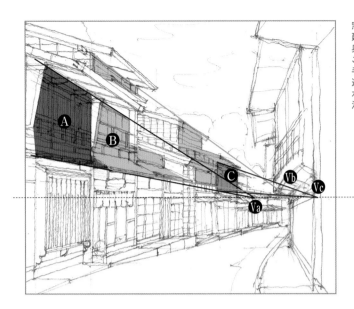

窓や軒の線は、坂に関係なく水平なので、
建物の消失点を見つけるときの、
奥行き線を引くのにうってつけです。
ここではわかりやすいように、
手前の家Aと中間奥の家Bの奥行き線を延長。
道が右にカーブしている分だけ、
水平線（アイレベル）上の
消失点（Va、Vb、Vc）も右に移動します。

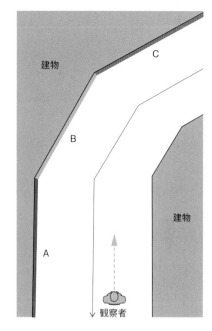

［平面図］

次に道の勾配に注目します。
A、B、Cは同じ勾配ですが、
上図の通り曲がる角度が異なるため、
下り道の延長線（点線）の
消失点（V1、V2、V3）は、
それぞれVa、Vb、Vcの
垂線上に同じ高さで消失します。

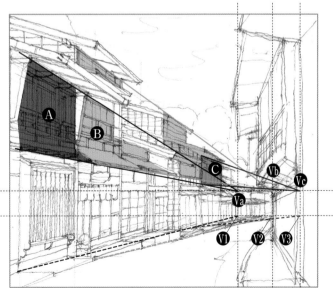

見下ろす表現のポイントは

見下ろす風景をスケッチするのは、一見難しそうに感じるかもしれませんが、
水平線を見つけて描いていけば、きちんとした構図で表現できます。

水平線をしっかり
捉えて描く

　峠道を登っていくとふいに視界
が開けて、眼下に静かな谷あいの
村が広がっている。こういう風景
に出会ったときは、スケッチに残
したくなるものです。遠くを見る
のは、高い位置からのことがほと

んどなので、水平線（アイレベル）
は実感するよりも、はるかに高い
位置にあります。描き始める前に、
まっすぐ顔を上げて、正面に見え
るものを意識してください。水平
線は画面の上部にくるはずです。

山の上から宿場を臨む構図です。
はるか遠くの山も描きこんでいるので、
遠近感が良く伝わります。
民家の軒の線を正確に追って、消失点に集約しています。
実際は、道がわずかに下がっているのですが、
そこまで正確に描かなくても、宿場町の風情は
十分伝わります。（大内宿の町並み・福島）

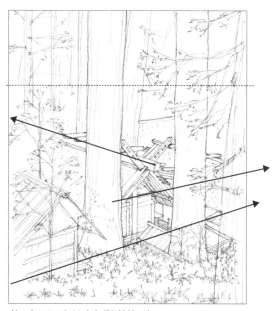

林の中にひっそりとたたずむ神社です。
手前の樹木の太い幹に隠れて、
社殿の屋根の線はわずかしか
描写できませんが、その方向が水平線に
向かうように注意深く描けば、
見下ろす感じが表現できます。
（長野県の仁科神明宮・長野）

水平線を望む表現のポイントは

水平線や地平線のある風景は、
アイレベルが描きこめるので、
スケッチ初心者にお勧めの構図です。

　遠望する風景を描くときに、意
外と簡単に描けると感じるのは、
水平線や地平線が見えるからです。
　今まで、しつこいくらい水平線
イコール アイレベルと繰り返し
てきましたが、水平線と地平線は、
画面の中での自分の目線です。こ
の線さえ正確に描きこめば、スケ
ッチは出来上がります。

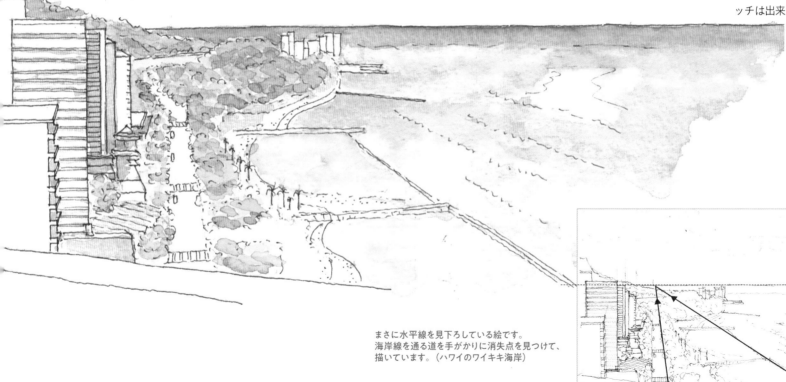

まさに水平線を見下ろしている絵です。
海岸線を通る道を手がかりに消失点を見つけて、
描いています。（ハワイのワイキキ海岸）

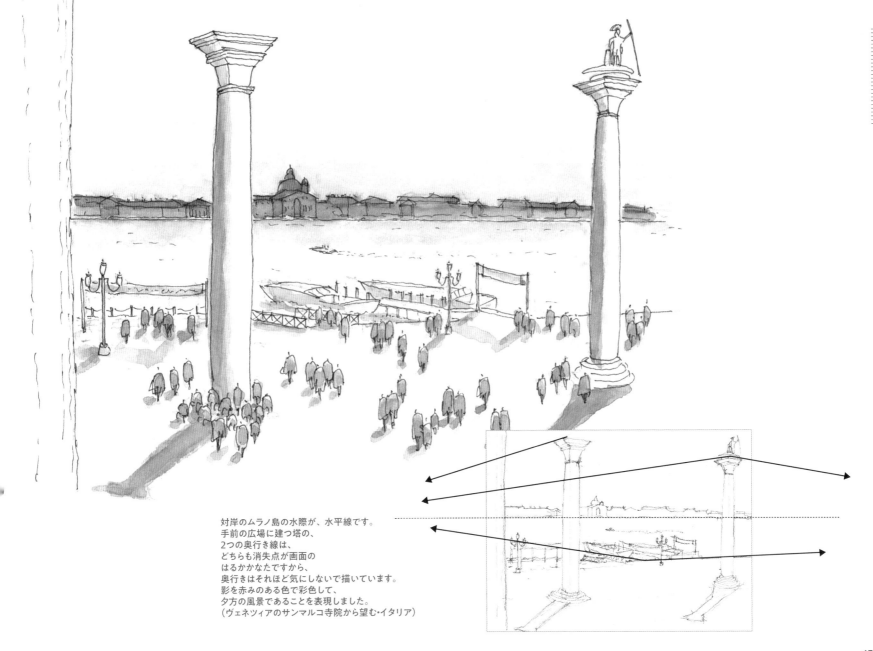

対岸のムラノ島の水際が、水平線です。
手前の広場に建つ塔の、
2つの奥行き線は、
どちらも消失点が画面の
はるかかなたですから、
奥行きはそれほど気にしないで描いています。
影を赤みのある色で彩色して、
夕方の風景であることを表現しました。
（ヴェネツィアのサンマルコ寺院から望む・イタリア）

column リートフェルトの椅子を正しい寸法で描く

寸法のわかる図が描ける、
アクソノメトリック図法とアイソメトリック図法の
特徴と違いを明確に理解しておきましょう。
どちらも、建築図面には欠かせない図法です。

絵から寸法が分かるのが図面

スケッチは寸法を表す必要はありませんが、建築図面では、「寸法を咫（あた）る※」というように、正確な寸法で描かれることが必須条件になります。そこで用いられるのが、ここで紹介する「アクソノメトリック（軸測投影）図法」と「アイソメトリック（等角投影）図法」です。

P.048で、建築図面は投影法で描くものと述べましたが、この2つの図法も、投影法の中に分類されるもので、高さ、幅、奥行きなど必要な寸法は、すべて同縮尺で描かれるので、図面を見れば実際の寸法がわかります。

このページのスケッチには、高さ、幅、奥行きの寸法を書き込んでありますが、この絵だけでは実際の寸法はわかりません。P.157上段の椅子も、2点透視図法で描かれているので、奥に行くほど距離が詰まっていて、こちらも正確な寸法を知ることは不可能です。

対して、中断の「アクソノメトリック図法」と下段の「アイソメトリック図法」で描かれた椅子は、右のスケッチに書き込まれた寸法に基づいて描かれています。アクソノメトリック図法は平面図をそのまま立ち上げれば描けるのに対して、アイソメトリック図法は、平面図を立ち上げるときに、高さ、幅、奥行きが直交する角度を90度から120度に開いて描き直すことが必要になります。

どちらの図法も、建物の形を確認するときに、簡単に描くことができるので、建築の分野ではよく使われる図法です。

※咫（あた）は上代の長さの単位で、親指と人差し指（一説では中指）を開いた長さを指します。

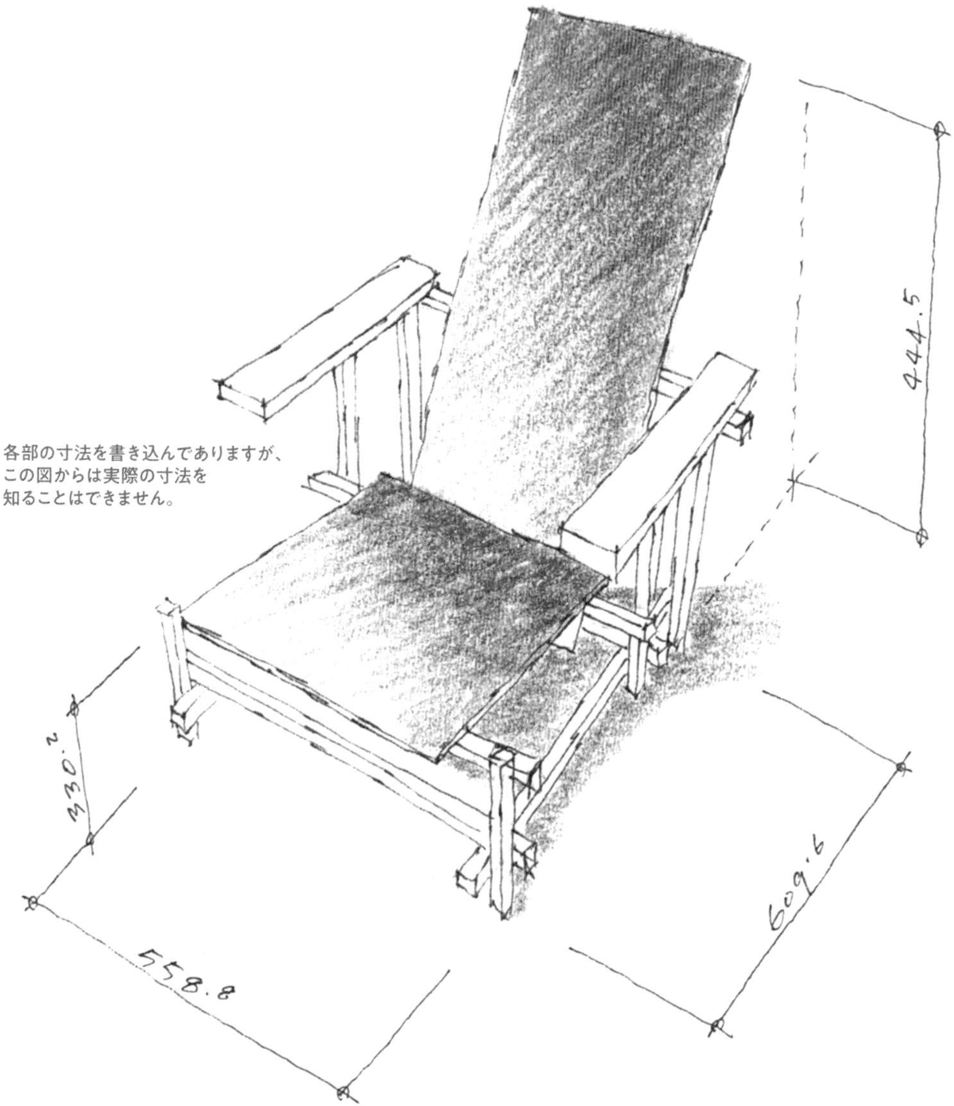

各部の寸法を書き込んでありますが、この図からは実際の寸法を知ることはできません。

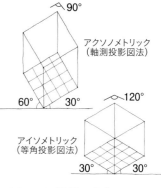

アクソノメトリック
（軸測投影図法）

アイソメトリック
（等角投影図法）

アクソノメトリックと
アイソメトリック

立体を描く図法には、いろいろな方法があります。建築図面として一般的なのは、ここで紹介した「アクソノメトリック（軸測投影）図法」と「アイソメトリック（等角投影）図法」の2つです。この2つの図法の特徴は、一言でいうと、立体の高さ、幅、奥行きの3面を1画面上に投影して描くということ。見ての通り、斜め上から見下ろしたように見えます。

アクソノメトリック図法は、平面図からそのまま描き起こせるので、描くのは簡単ですが、見た目が歪みます。実際の椅子や建築を見たときとは異なるので、補正して理解することが必要です。

それに対して、実物のフォルムに近いイメージに描けるのが、アイソメトリック図法です。ただし、見た目を重視する分、平面図に高さを加えるため角度を120度に広げて、作図する必要があります。このように平面図に手を加えて描かなければならないですが、描かれたものは見た目に歪みが少ないので、形の確認に向いています。

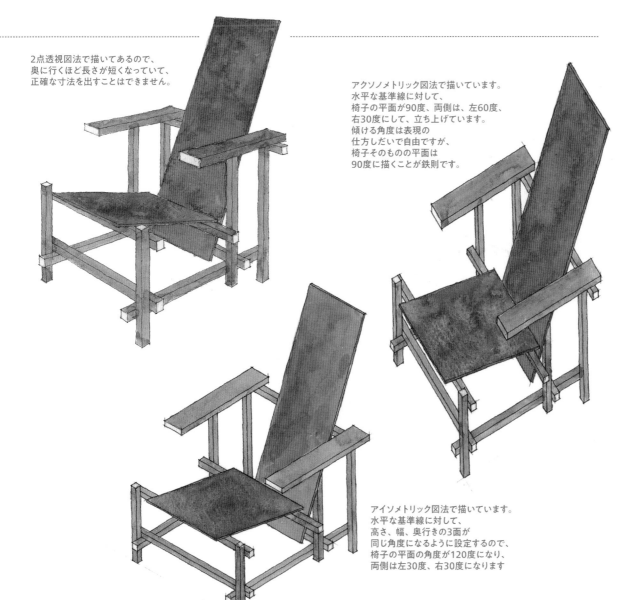

2点透視図法で描いてあるので、
奥に行くほど長さが短くなっていて、
正確な寸法を出すことはできません。

アクソノメトリック図法で描いています。
水平な基準線に対して、
椅子の平面が90度、両側は、左60度、
右30度にして、立ち上げています。
傾ける角度は表現の
仕方しだいで自由ですが、
椅子そのものの平面は
90度に描くことが鉄則です。

アイソメトリック図法で描いています。
水平な基準線に対して、
高さ、幅、奥行きの3面が
同じ角度になるように設定するので、
椅子の平面の角度が120度になり、
両側は左30度、右30度になります

{ パースを纏めるテクニック❶ }

枠をはめる

旅先で、スケッチしたい場面に遭遇、
でも時間がないというとき最適なのが、この方法です。
描きたいものだけに集中、あとは省略できるので、
対象を印象的に描きたいときにも、お勧めのテクニックです。

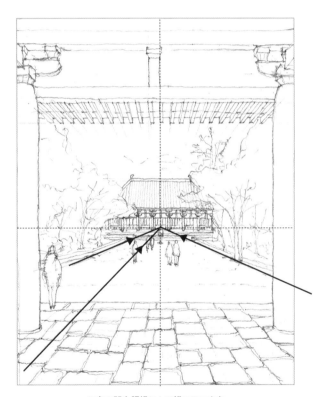

お寺の門を額縁にして描いています。
今まさに門をくぐって参拝にいくという、臨場感のある絵柄です。
門の軒の桟や柱なども少し描きこんでいますが、
門全体に陰をつけて暗くすることで、正面に見える本堂を強調しました。
（奈良の唐招提寺）

時間がないときに役立つ手法

スケッチの構図としてよく使われる手法です。描きたい対象だけにスポットライトを当てて、それ以外は額縁のように脇役として描くので、構図としても求心的で、力強さを感じさせます。隅々まで描く必要がないので、時間がないときにさっと描け、旅先でのスケッチに役立ちます。手前にシルエットで人を描きこむと、正確な水平線をとることができ、また、見る人が感情移入しやすいスケッチになります。

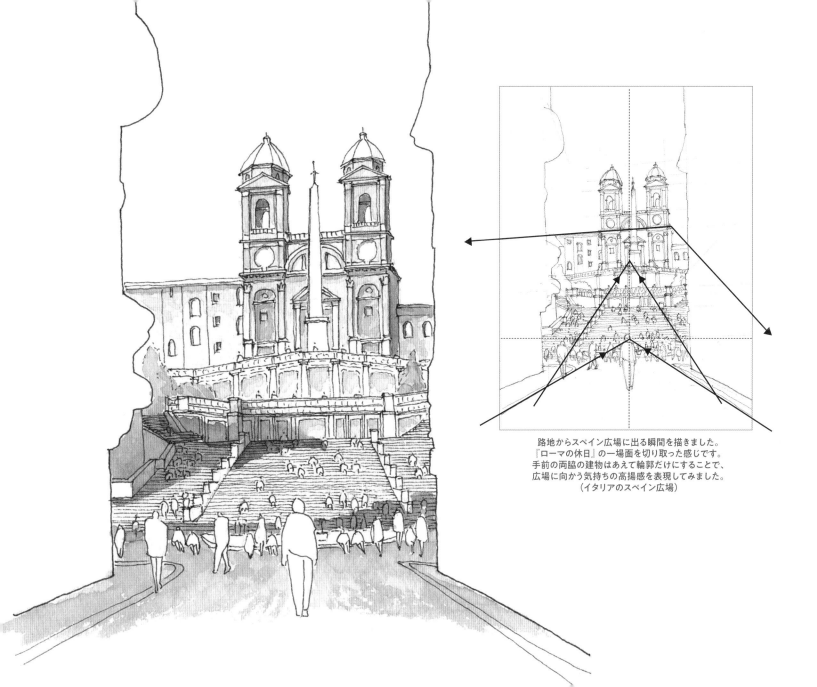

路地からスペイン広場に出る瞬間を描きました。
『ローマの休日』の一場面を切り取った感じです。
手前の両脇の建物はあえて輪郭だけにすることで、
広場に向かう気持ちの高揚感を表現してみました。
（イタリアのスペイン広場）

［応用］
｛ パースを纏めるテクニック❷ ｝
ポイントを見る

消失点ひとつで描ける1点透視図は、
奥行きの表現がやさしく、
しかも、ぱっと目をひく構図が特徴です。

1点透視で対象を
正面に捉えて描く

「枠をはめる」のと同様に、強調
したい対象が真っ先に目に飛び込
んでくるように配置した構図です。
画面の中央に対象を配置し、その
部分を丹念に描きこむことで、見
る人の視線をキャッチします。基
本的に消失点が1つでいい1点透
視図法で描けるので、比較的描き
やすい構図です。

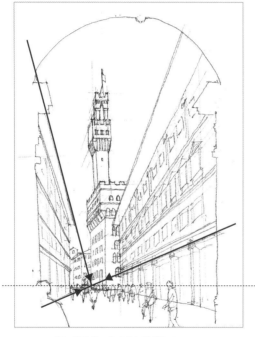

高い塔を持つ市庁舎に注目して、
手前にくるほど、省略して描いています。
シルエットで描いた人で水平線を表し、
また輪郭だけで描いたアーチが「枠をはめる」効果も。
（フィレンツェの市庁舎・イタリア）

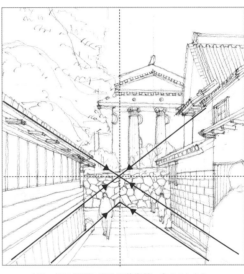

ゆるい坂の正面に見える美術館へ向かうときの、
期待感をこめて描いています。
道の両側の日本的な表情と、
正面の美術館のギリシア神殿のようなファサード。
その対比も見どころです。
（倉敷の大原美術館・岡山）

［応用］

部分を
クローズアップ

好きな部分だけを好きなように描く。
部分スケッチは楽しくできる基礎練習です。
ポケットに携帯電話だけでなく、
小さなスケッチブックを入れて、
ふっと心が動いたら、
いつでもスケッチしてみてください。

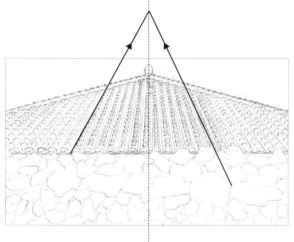

いかにも南国らしい、
屋根の表情に感動して思わず描いた1枚です。
屋根全体の詳細は潔く省き、
真ん中の部分だけ瓦を描きました。
その他部分は色をつけるだけで
仕上げました。
（竹富島の民家の屋根・沖縄）

手に負えるところを
スケッチしてみる

部分を描くのは楽しいものです。
気に入ったところだけを切り取って
描けばよいので、時間もかかりません。スケッチの練習をはじめたばかりのときにはもってこいです。消失点もあまり気にする必要がないので、どんどん描いてみてください。

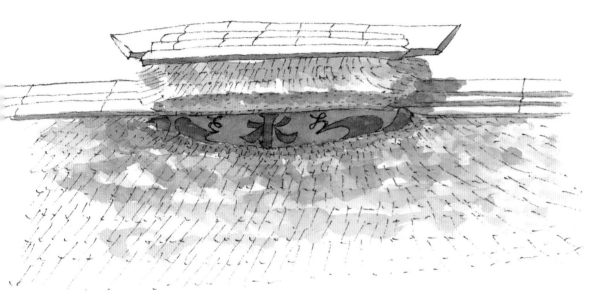

民家の煙抜きです。
この下にきっと、いろりが切ってある板の間があるのでしょう。
煙の出るところに書かれている「水」という文字に、
住む人たちの真摯な祈りが感じられます。
（大内宿の民家の煙抜き・福島）

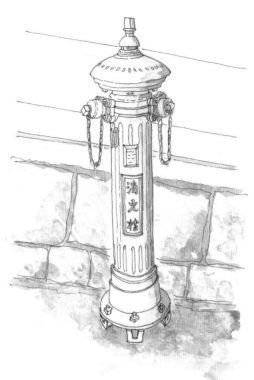

古い形の消火栓です。
黄色に塗られていて実にかわいらしいです。
現役で使われています。
見下ろす構図で描いています。
（小樽の消火栓・北海道）

［応用］

{ パースを纏めるテクニック❹ }

風景を描く

はじめて目にする風景や、
思いがけない景色。
そのときの感動をそのまま
スケッチしてみましょう。
スケッチしたいと思った気持ち、
それが見る人の心に伝わるのです。

感動を伝える
スケッチを描く

　今まで紹介してきた手法を全部使
って、風景を描いてみましょう。大
丈夫です。ここまで描いてきたら、
もう、どんなものもスケッチできる
はずです。あまり消失点にこだわら
ず、伸びやかに描いてください。た
だし、水平線（アイレベル）だけは
意識してください。

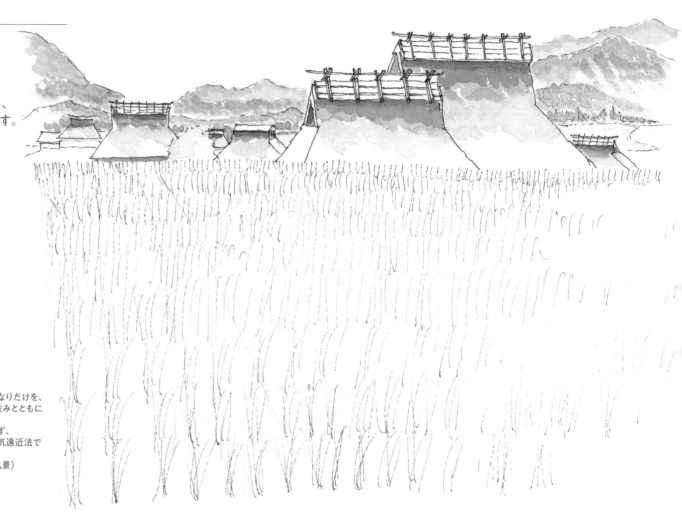

民家の屋根の連なりだけを、
遠くに見える山並みとともに
描いています。
消失点は気にせず、
重ね遠近法と空気遠近法で
表現しています。
（西京都の田園風景）

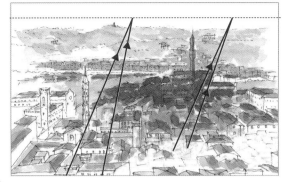

街全体の景観です。
細い街路と埋め尽くすように重なる屋根の連なり。
人々の活気あふれる様子を表現しています。
（フィレンツェの街・イタリア）

南国のリゾート海岸の夕景です。
低い水平線が、暖かな大気に満ちた
空の広さを感じさせます。
（ハワイ島のコンドミニアム）

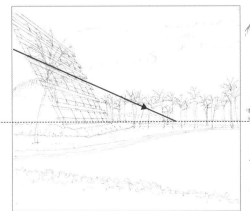

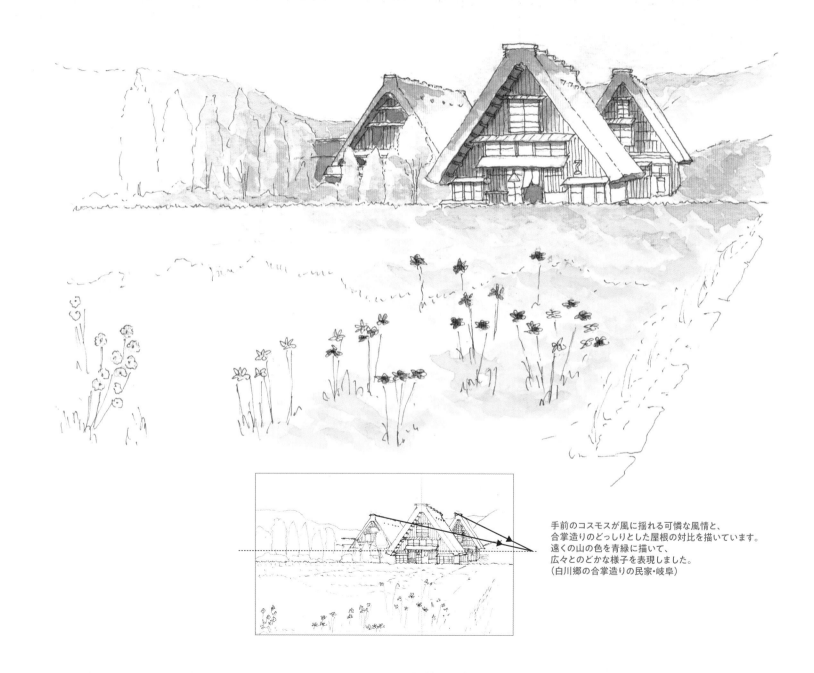

手前のコスモスが風に揺れる可憐な風情と、
合掌造りのどっしりとした屋根の対比を描いています。
遠くの山の色を青緑に描いて、
広々とのどかな様子を表現しました。
（白川郷の合掌造りの民家・岐阜）

CHAPTER
4
図面の
グレードアップを
彩るテクニック編

基本を学んで最後に必要になるのは、
イメージ、アイデアをより効果的に伝えることです。
図面に色を付けたり、
図面以外のものを描き加えることで、
表現が豊かになります。
Chapter4では、色の付け方、影の付け方、
図面の描写力をアップする添景の描き方、
そして立体的な模型の作り方などを
解説していきます。

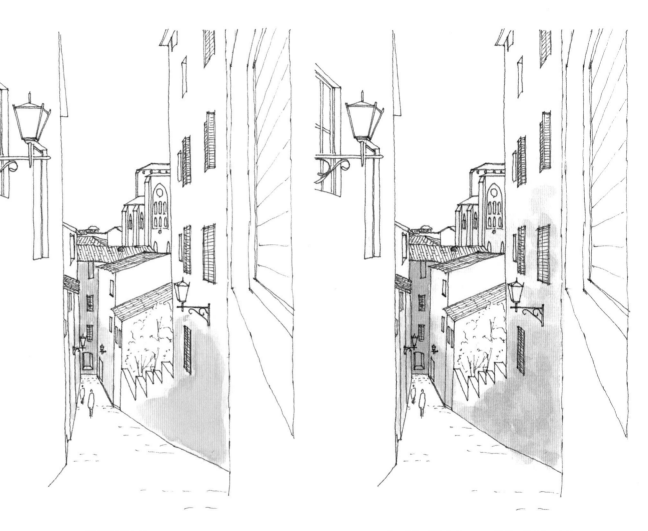

STEP 42
彩色の
手順とコツは

色を塗りすぎないのがコツです。
色の種類も少なく、
濃い色はキーポイントで入れましょう。

薄い色から
塗り重ねていく

　P.044で少し触れていますが、いきなり濃い色を塗るのではなく、薄い色を何度か重ねて仕上げていきます。色は引き算できません。少々手間でも、調子を見ながら、薄い色を重ねていくのが、イメージ通りに仕上げるコツです。色による遠近感も忘れずに。近景、中景、遠景と遠ざかるにつれて、空の色味をプラスしながら、淡いトーンにすると、遠近感が演出できます。

描く建物の中で、
一番濃くなりそうな面に色を入れていきます。
画面右から光が差しているので、
奥まった正面の建物、
坂に面した右側の建物全体に薄茶をのばします。

乾いたら、同じ色をしている建物の壁を塗ります。
このとき、陰に部分も重ねて二度塗りにして、
1トーン濃くします。

建物の壁全体に色が塗れたら、
次は質感を出していきます。
小さめの筆で押さえるように色を乗せていき、
古いレンガのでこぼことした感じを出します。

最後に影になる部分に、
濃い色を入れてコントラストを強調します。
この坂道のアクセントになっているグリーンも
最後に全体のバランスを見ながら色差しします。

色鉛筆、パステル、水彩、着彩のコツは

P.032では水彩での彩色の仕方を解説しました。
着彩には色鉛筆、パステル、マーカーなどがあります。
ここでは、代表的な色鉛筆、パステル、水彩の
表現のコツを紹介します。

1 【色鉛筆】

　子供の頃から身近にある、筆記用具ですね。一番手軽に色をつけることができます。しかし、コツをつかまないと、小学生の色塗りになってしまいますので、気をつけましょう。
　まずは、鉛筆の先の動きでタッチを出して、表現する方法です。筆圧を調整したり、丸を描くようにくるくる回したりと、個性を出してください。定規を使って丹念に色の線を重ねていくと、比較的簡単にきれいに色づけができます。もちろん、消しゴムで消すこともできますので、色調整がとてもしやすいです。

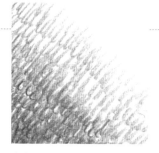

単色で筆のタッチを使います。重ねることでグラデーションを出せます。

2 【パステル】

　顔料を粉にしたものを固めたものです。そのまま使って、色鉛筆と同様に筆のタッチを出すこともできます。しかし、なんといっても一度削って粉にして使う方法がパステルらしさを表現できます。削ってパステルをティッシュなどで擦りつけると均等に塗ることが容易にできます。粉状にして色を混ぜることもできますので、微妙な色を作り出せます。もちろん、消しゴムも有効ですので、色鉛筆と併用して使うと相性がよいです。

パテルそのものを、筆のタッチで描いたものです。動かし方で個性が出ます。

3 【水彩】

　水彩は乾く前にいろいろな表現が作れます。滲ませたりぼかしたり、乾く前にティッシュで拭き取ったりすることで使う幅が出ます。パレットで色を作りますが、乾いてから重ね塗りすることでも色を作ることはできます。水を使うので、少し扱いづらいですが、表現に幅があります。

単色でのグラデーションです。最初に透明な水で全面を塗っておきます。

筆タッチで色を加えます。2、3色
同じ色調を加えると深みが出ます。

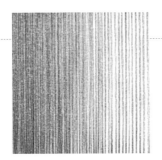

定規を使って徐々に感覚を広め、
グラデーションを出します。色を重
ねてもよいです。

定規のクロスハッチングでグラデー
ションを出します。色を重ねたほう
がよいです。

定規のクロスハッチングに45度斜
めのクロスハッチングを加えます。
重ねることでより深みが出ます。

パステルを粉にしてティッシュなど
の柔らかいものにつけて、こすって
描きます。

色の3原色(赤・青・黄)を重ねていま
す。重なったところは絵の具と同じ
ように、紫、オレンジ、緑になります。

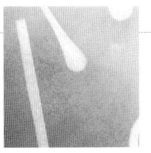

パステルも色鉛筆も消しゴムで消
すことができます。消し板を使って
自由に表現しましょう。

色鉛筆を筆タッチで加えています。
パステルと色鉛筆の相性はとても
よいものです。

色を少し薄くしてグラデーションを
出します。他の色を加えるとその中
間色ができます。

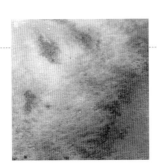

絵の具のにじみを利用します。乾
かないうちに色を重ねます。乾燥
度によって滲み方が変わります。

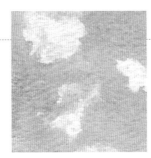

ティッシュで乾かないうちに拭き取
ります。乾燥度や拭き方で表現が
変わります。

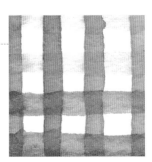

縦の青をよく乾かしてから、横の色
を入れます。重なったところが中間
色になります。

陰と影の
違いとは

一言で陰影といいますが、陰と影は違います。
そして、スケッチやパース図面を仕上げるとき、
大事なのは陰影の表現です。

**陰と影を描き分けて
自然な仕上がりを**

　陰は、太陽の光が当たらない、いわゆる
日陰のこと。北向きの壁は晴れていても終
日陰のままですね。一方影は、太陽の光が
物によって遮られてできる暗い部分のこと。
遮るのが人なら影法師です。陰は、光に対
する向きや照り返しなどによって、暗さの
度合いが違い、その部分のテクスチャーが
わかります。しかし、影はまったく光が当
たらないので、その部分のテクスチャーは
判別できません。

　陰は暗さの度合いが異なるので、薄い色
を重ねていき、場合によってはテクスチャ
ーも描き添えます。対して、影の部分は最
後に濃い色でコントラストをつけるという
ように、まったく違う方法で描くのが、理
にかなっているだけでなく、自然な仕上が
りになるのです。

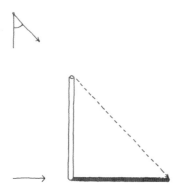

1【影の付け方】

影は、ものに遮られた様子を描きますので、
遮るものの形や大きさが描かれます。太陽
は遙か彼方として平行な光が届くと考えて
描きますから、太陽の角度と方向によって形
や大きさが変わります。角度を上45度横水
平で光が当たるとすると、影の長さはもの
の高さと等しく、真横にその影が落ちます。

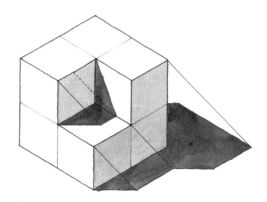

2【キューブが落とす陰影を描く】

光の方向を45度水平として、キューブの各コ
ーナーの辺の頂点を、45度のガイド線から求め、
つないでいきます。キューブの中の欠き込まれ
たところの影は、壁となったところで、立ち上
がり上部の点に収束します。光の当たらない面
を薄く塗って陰影を完成させます。

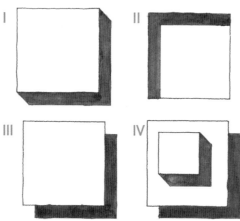

3【影表現の種類】

影の描き方で、四角い平面の形と状態
を表現できます。
I：高さを表現
II：くぼみを表現
III：浮き上がりを表現
IV：浮き上がった上に小さい四角を表現

【スケッチに陰影をつける手順】

一番暗いところから
薄い色を塗ります。

乾いたら、同じ色をその次に
暗い部分まで含めて重ね塗りします。

画面には描かれていない
手前にある塔が、画面の塔の途中まで
影を落としているのが、
影の表現でわかります。

斜め右上から日の
光があたっているので、
飾りの手前部分は陰、
その奥の濃いところが影に。

陰と影の表現で
リアリティを与えると、
スケッチ全体が
生き生きとした仕上がりに。

内観パースに
影をつけるには

窓から入る光を描くと、
部屋の奥行きをよりはっきりと表現ができます。
まずは正面からの光でトライしてみましょう。
高さ45度で正面、床にできた影はVPに収束します。
高さのVPは階段を描いた時に解説したように、
2点を決めて上側に延長して、
VPの延長線との交点で求められます。

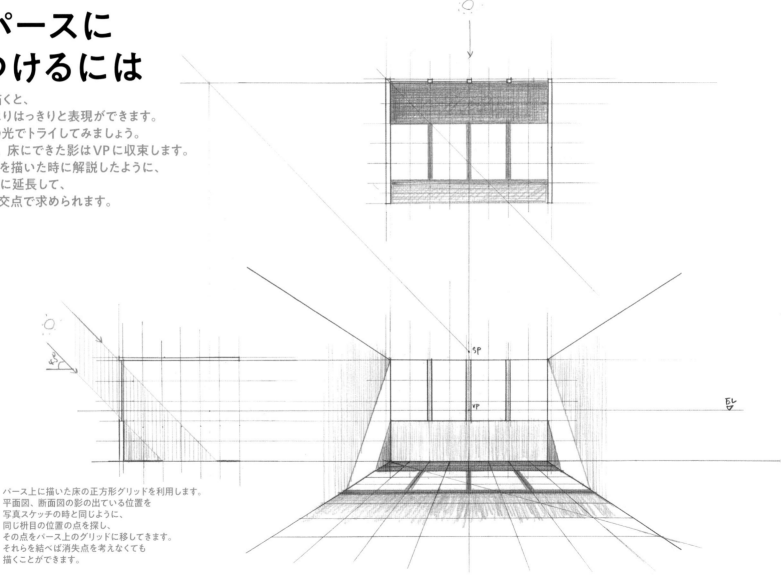

パース上に描いた床の正方形グリッドを利用します。
平面図、断面図の影の出ている位置を
写真スケッチの時と同じように、
同じ枡目の位置の点を探し、
その点をパース上のグリッドに移してきます。
それらを結べば消失点を考えなくても
描くことができます。

［応用］
インテリアパースに影をつける

アルネ・ヤコブセンの SAS ロイヤルホテル
ROOM606

【カラーの影の表現】

ROOM606のインテリアパースです。
水彩と色鉛筆を使った表現です。
色をつけない部分で光を表現しています。
とても明るい感じが出ていると思います。

【モノクロの影の表現】

2Bの鉛筆で影を表現したものです。
白黒だけの表現は、図面らしくなり
とても落ち着いた感じに仕上がります。

樹木の描き方は

断面図（P.072）、立面図（P.084）、配置図（P.093）の
ブラッシュアップで解説したように、
周辺環境の表現には樹木は欠かせないものです。
その他に人物、車を加えた3つが
建築の図面をわかりやすくする、
典型的な添景といわれています。
樹木を描き込むことで、周辺環境がよりリアルになり、
人物、車を正確なプロポーションで描き込むことで、
建物のスケールを縮尺なしで表現できます。
そのためには、添景のスケールを
正確に描くことが必要になります。

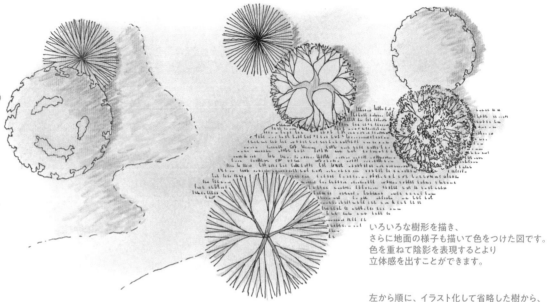

いろいろな樹形を描き、
さらに地面の様子も描いて色をつけた図です。
色を重ねて陰影を表現するとより
立体感を出すことができます。

左から順に、イラスト化して省略した樹から、
葉を描いてよりリアルな樹を表現しています。
これらをチョイスして描くと、
いろいろな樹形が表現できて深みが出ます。

樹木の描き方は

　樹木は建築の図面には欠かせな
い添景です。基本として真円の中
に描き込んでいくと、図面らしい
添景になります。円だけを描いた
ものから、枝を描き、さらに葉も
描き込んでいくとリアルな樹が出
来上がります。針葉樹、広葉樹、
竹林など樹種を変えて描き込むと
より表現に幅ができてきます。い
ろいろな、描き方練習してみてく
ださい。

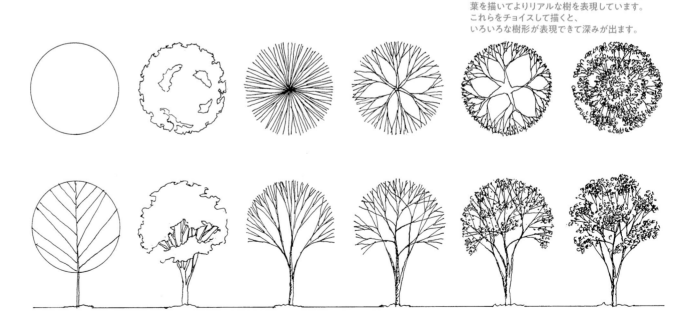

STEP 47

人物の描き方は

4つの正方形を重ねたグリッドに、
基本の関節の位置を示しておいて、
それを結んで肉付けしていくと
プロポーションよく描くことができます。

人物は、プロポーションに
気をつけて描くことが重要です。
簡略化して描くときは、頭（顔）を
少し小さめに描くことがコツです。
いろいろな人物に挑戦してみてください。

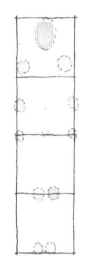

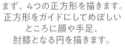

まず、4つの正方形を描きます。
正方形をガイドにしてめぼしい
ところに顔や手足、
肘膝となる円を描きます。

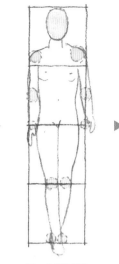

円の外側内側を
つないで、
人物の輪郭を描きます。

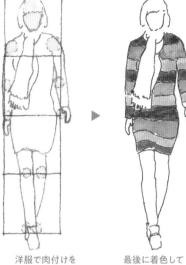

洋服で肉付けを
していきます。

最後に着色して
完成です。

STEP 48
車の描き方は

普通車は幅約1400～1800mm、
長さ4500～5000mmの中に収まっています。
そこで、700mmのグリッドを基準に、
それをガイドにして描くとプロポーションがうまくとれます。

3

地面から150mm上がり
は、車の下端になります。
中段から150mm上がり
は、ボンネット等の基準
です。上段3段目と5
段目の点から、ボンネッ
ト等の基準にガイド線
を描き、形を整えます。

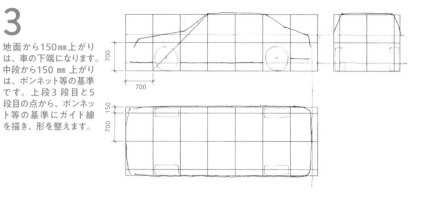

1

700mmの枡目を縦2段、
横7段並べます。下に
幅150mmの枡目を両側
に7段並べ、横に700
mmの枡目4個と150mmの
枡目4個を並べます。
上の枡目に車の側面、
下の枡目に車の上面、
横の枡目に車の正面を
描きます。

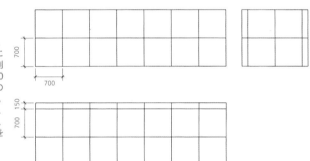

2

まずタイヤを描き、前輪
の中心と上段の3段目
の点を結んで、フロント
ガラスの傾斜を見つけ
ます。さらに、地面から
150mm上がりの線と中
段から150mm上がりの
ガイド線を引きます。上
面図、正面図にもタイ
ヤの位置を描きます。

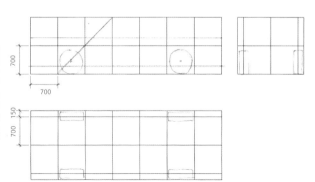

4

それぞれの図にバンパ
ーを描き込んで、車の
全体の形を完成させま
す。

5

窓、扉を前の部分から
描き、全面のボンネット
の形を整えます。

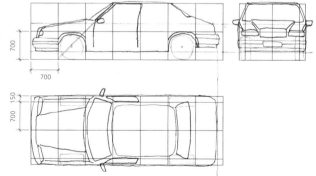

6

後部の窓、扉を順に描き込みます。

7

タイヤ、その他のガイド線を仕上げて完成です。

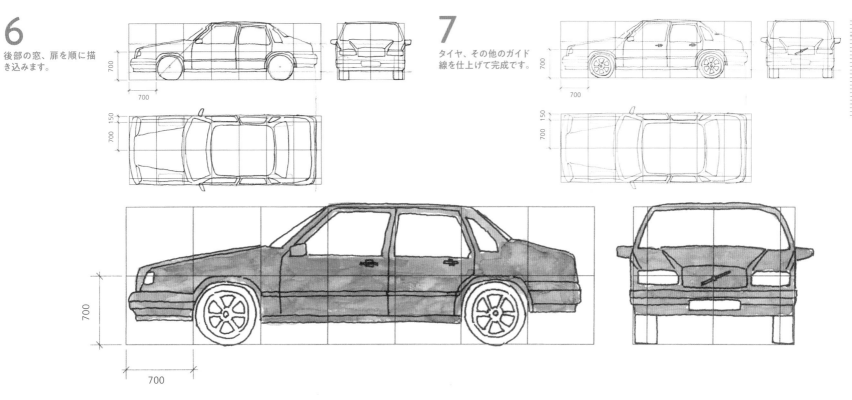

8

さらに色をつけると、リアリティーが増します。車の車種によって、700mmの枡目の数を調整して描くとよいです。

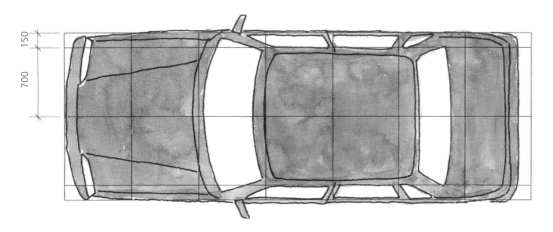

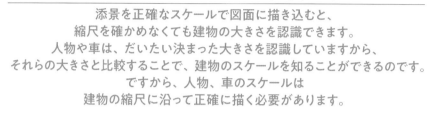

［応用］
添景でスケールを表現する

添景を正確なスケールで図面に描き込むと、
縮尺を確かめなくても建物の大きさを認識できます。
人物や車は、だいたい決まった大きさを認識していますから、
それらの大きさと比較することで、建物のスケールを知ることができるのです。
ですから、人物、車のスケールは
建物の縮尺に沿って正確に描く必要があります。

人物の目線の高さ（同じぐらいの背丈の人物）を水平にそろえて、足下の接地位置を高めて（背丈を縮める）中心に向かって並べていくと、1点透視図の中の人物の表現ができます。その高さに沿って木々を並べ、地面の様子を描き込んで、色をつければ道路に沿って風景が完成です。

1本の樹の横に、
3つのスケールで人物を描いてあります。
それぞれの人物の大きさと、
1本の樹を比べてわかるように。
左から右に移るとともに、
小木、中木、大木と樹が変化して
見えることがわかるはずです。

人物の目線の高さ（EL）を水平にそろえ、
人物の位置（遠近）に合わせて
背丈を調整します。樹木も人物の
スケールに合わせて配置します。

樹木や人物の色をつけて
リアリティーを出します。

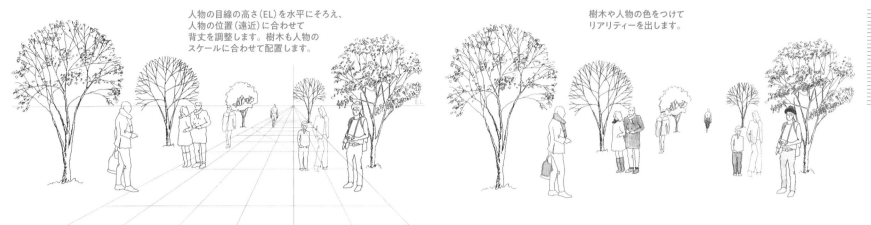

添景を並べることで、遠近を表現するには

添景でスケールを表現できるということは、それぞれの大きさを変えて並べれば、
奥行きのある遠近感を描き出すことができます。

地面の様子を描き込むと
樹木と人物による
遠近の表現が完成します。

STEP 49

添景でニュアンスを
プラスするには

イメージを伝える
樹木、人、自動車を描く

　スケッチにしても建築図面にしても、メインの建物や町並みだけでなく、周りに点在している人や樹木などを描き加えると、スケール感や奥行きがよく伝わるので、絵や図面がぐっと引き立ちます。ただし、描き方や縮尺の度合いによっては、逆効果になってしまうこともあるので、その点だけは気をつけなければなりません。添景はあくまでも脇役なので、あまり描きこまずに、控えめに描くのがコツです。

【樹木で遠近感を演出】

樹木の描き方は、どう仕上げるかによって、描き込み方が変わります。鉛筆やペンでの線画であれば、葉の茂り方も少し描き込みます。逆に水彩や色鉛筆で仕上げるなら、あまり線を描きこまずに、水彩の色で陰影や色鉛筆のタッチで表現するほうが、全体がバランスよくまとまります。そのうえで、近景の葉だけに葉脈を描きこむと、遠近感が強調できます。

【自動車はあくまで脇役】

自動車やバイクなどは、ディテールまでしっかり描いてしまうと、スケッチの主役を取られてしまうので、シルエットのみで描き込むようにしましょう。同じ理由から、画面の中央を避け端に寄せて、さりげなく配置するのが、コツです。

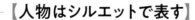

【人物はシルエットで表す】

後姿と横向きをマスターすれば十分です。それを遠景、中景、近景と大きさを変えて描き込みましょう。とくに近景の場合は、全身を描く必要はなく、見る人の分身のように、上半身かシルエットのみで十分効果があります。また、スケッチの場合は、人物の視線（アイレベル）をそろえることを忘れずに。遠景、近景問わず、必ず水平線の位置に人物の視線がくることに、留意して描いてください。

個性的な椅子を
描き分けるには

今までおもに水彩による表現を紹介してきました。
ここでは、色鉛筆を使っての線やタッチの違いを紹介します。
イメージにあわせて使い分けができると、表現の幅が広がります。

座り心地まで伝わるように
スケッチする

　スケッチ練習や建築図面のスケール練習するのに、椅子はうってつけです。機能性、デザイン両方を追求したクオリティの高い椅子が、たくさん市販されています。大きさも手ごろで、それぞれが持つ個性的なフォルムは、スケッチする楽しみを倍増してくれます。座り心地も千差万別。ぜひ、実際に腰掛けて、感触を確かめてください。

「LC4シェーズロング」（1928年）
ル・コルビュジエ

支持パイプの緩やかな曲線に沿って、一体になっている座面と背面の傾きを、変えられる寝椅子です。人の身体に寄り添うような曲線が、寝心地のよさを表しています。フリーハンドのペンで流れるような曲線の形をとらえたら、色鉛筆の動きのあるラインで、材質の柔らかさを表現します。

「レッド・アンド・ブルー」（1918年）
ヘリット・トーマス・リートフェルト

木を使って幾何学的にデザインされた椅子です。一見硬くて座り心地が悪そうですが、実際に座ってみると、座面、背板がほどよくたわんで、身体にフィット、とても座り心地のよい椅子です。輪郭は短い直線を繋いで描いてしなやかな強さを、色はあえて全部塗りつぶさないことで、表面のつるつるとした質感を表してみました。

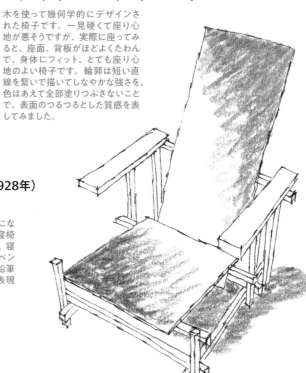

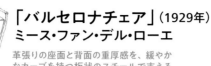

「バルセロナチェア」（1929年）
ミース・ファン・デル・ローエ

革張りの座面と背面の重厚感を、緩やかなカーブを持つ板状のスチールで支えることで、洗練されたデザインに昇華させています。もともと、バルセロナ万博のドイツパビリオンを設計したときに、あわせてデザインされたものです。細く削った色鉛筆で、鋲打ちされた革の窪みにだけ、影のように色をつけることで、本革のなめらかな手触りを表現しています。

「スーパーレッジェーラ」（1951年）
ジオ・ポンティ

人差し指一本で持ち上げられる、超軽量な椅子です。細くても強度を確保するために部材の断面を三角形にしているのですが、その形状により繊細さが強調され、軽快なデザインに仕上がっています。直線を継ぎ足すようにペンで描くことで、フォルムのストレート感を出しました。座面の籐の部分は、色鉛筆の線描きで編み目がわかるように描きました。

「チボリ（3140番）」（1955年）
ヴェルナー・パントン

チボリ公園のレストランのために、パントンが初めてデザインした椅子です。細いスチールパイプに籐を編みこんで造られています。パイプのしなやかさと籐の柔らかさがあいまって、とてもソフトな座り心地です。全体的に繊細で、軽やかなイメージを受けるデザインです。色鉛筆のタッチを生かし、細かい編み込みと籐のしなやかな弾力を描いています。

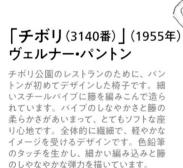

「エッグチェア」（1958年）
アルネ・ヤコブセン

ランディソンホテルのためにデザインされた椅子です。身体を包み込むような背面のデザインが、実際に座っても優しく、安定感があり、この椅子に座っていたいがために、いつまでもこのホテルのロビーにとどまりたくなるほどです！鉛筆で細かく線を重ねてフォルムの丸みを、色鉛筆の細く柔らかな線でグラデーションをつけ、ソフトな質感を表しました。

STEP 51
模型を
作るための
道具と材料

これまで、紙の上の図面の話をしてきました。
図面の描き方がスキルアップしたところで、
ここでは立体的な模型を作るために必要な道具と材料、
そのポイントを解説します。

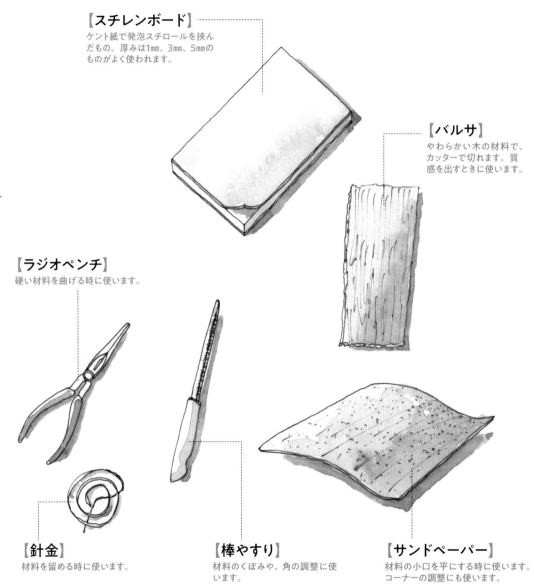

【スチレンボード】
ケント紙で発泡スチロールを挟ん
だもの。厚みは1mm、3mm、5mmの
ものがよく使われます。

【バルサ】
やわらかい木の材料で、
カッターで切れます。質
感を出すときに使います。

【ラジオペンチ】
硬い材料を曲げる時に使います。

【針金】
材料を留める時に使います。

【棒やすり】
材料のくぼみや、角の調整に使
います。

【サンドペーパー】
材料の小口を平にする時に使います。
コーナーの調整にも使います。

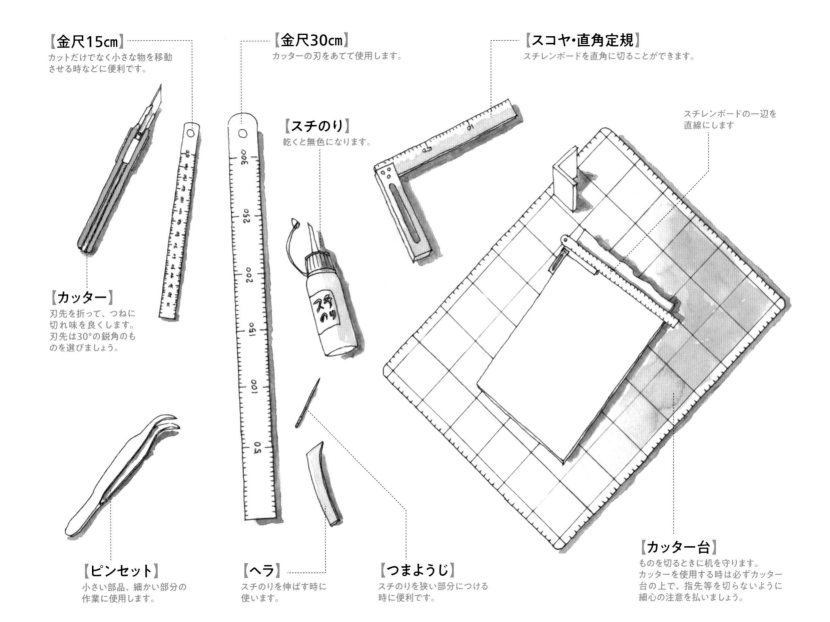

【金尺15㎝】
カットだけでなく小さな物を移動させる時などに便利です。

【金尺30㎝】
カッターの刃をあてて使用します。

【スコヤ・直角定規】
スチレンボードを直角に切ることができます。

スチレンボードの一辺を直線にします

【スチのり】
乾くと無色になります。

【カッター】
刃先を折って、つねに切れ味を良くします。刃先は30°の鋭角のものを選びましょう。

【ピンセット】
小さい部品、細かい部分の作業に使用します。

【ヘラ】
スチのりを伸ばす時に使います。

【つまようじ】
スチのりを狭い部分につける時に便利です。

【カッター台】
ものを切るときに机を守ります。カッターを使用する時は必ずカッター台の上で、指先等を切らないように細心の注意を払いましょう。

模型の基本
テクニック

建築の模型は白模型が基本で、
スチレンボードで作ることが多いです。
その処理の仕方を説明します。

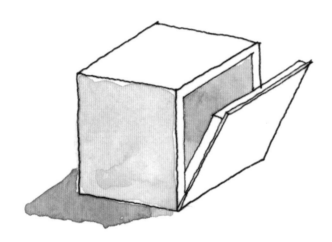

まずはスチレンボードでボックスを作ります。

スチレンボードのコーナーの作り方

A

ボードを直角にそのままカットし、図のように接着します。小口はケント紙を貼って塞ぎます。ケント紙の厚み分ずらすのがコツです。

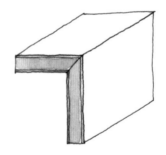

B

両方のボードの小口を45°にカットして接着します。

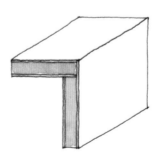

C

片方のボードの発泡剤を取り除いて接着します。ケント紙一枚を残してカットするのはかなり難易度が高いです。

【Bの作り方】

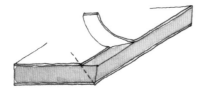

上側のケント紙のみをボードの厚み分
カットしてはがします。

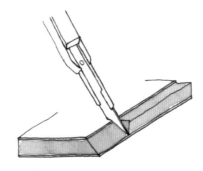

上下のケント紙の先にカッターの刃をあて、45°に発泡
材をカットします。この時上側のケント紙がボードの厚
みにきちんとカットされていればうまくいきます。

【Cの作り方】

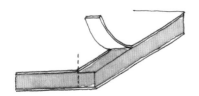

下側のケント紙を残して上側のケント
紙と発泡材に切れ目を入れます。

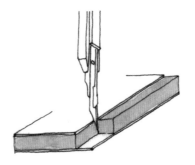

上側のケント紙をはがしてからもう一度慎重に
発泡剤にカッターを入れます。

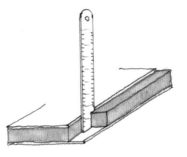

15mmの金尺で発泡剤をそぎ落とし
て綺麗にします。

【Bの小口を変える】

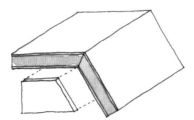

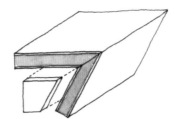

作りたい角度の半分をそれぞれの
ボードでカットし接着すれば色々
な角度が作れます。内側にボード
で支えをいれると安定します。

STEP 53
プレゼンテーションの方法

建築の設計は3次元で考えているはずです。
最近はCADなどの動画ツールで表現することも多いですが
基本はシートにして表現することからはじまります。
3次元のものを2次元で表現するので見せ方が重要です。
まずはキーワードからテーマを決めて計画の全体像を伝える
コンセプトやタイトルを決めます。
次に、計画の内容を伝える図面を整えて
最後に各論のポイントを決めるダイアグラムや
イラストを加えてレイアウトをしていきます。

【各図面をそろえる】

キーワードとして拾い出したものに合う図面を、できるだけ多く描きます。その中からテーマに絞ったものに必要な図面をランダムに並べてみます。まだレイアウトを考えずに広げてみると良いです。

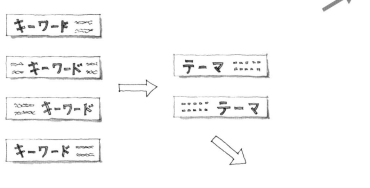

【テーマの決定】

まずは表現しようとする題材について、キーワードを思いつくままに箇条書きにします。
その中から共通する要素の言葉をまとめていき、テーマを絞っていきます。テーマの中で一番重要な言葉からタイトルを決定しましょう。

【各論のポイントを決める図を加える】

拾い出した多くの図面をわかりやすくまとめるために、簡単なイラストや、
ポンチ絵(稚拙な図)を使ってダイアグラムを作成します。

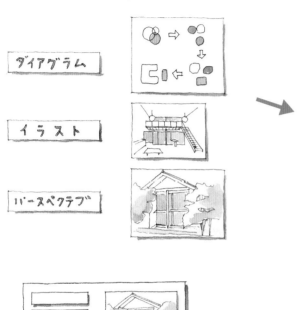

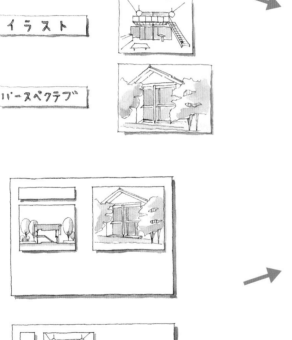

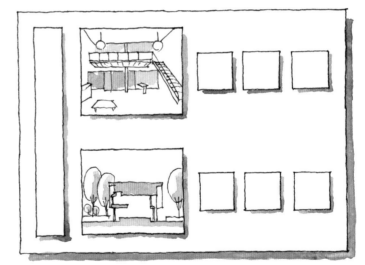

【レイアウトの決定】

図面、コンセプト(文章)、ダイアグラム、イラスト、
パースを加えて、今回表現するのに一番適したレイア
ウトを、テーマにそって決定していきましょう。

STEP **54**
レイアウト
は大事

テーマにそってレイアウトを決定
していきますが、プレゼンテーションの
仕方や内容によってレイアウトを
アレンジする必要があります。
一番伝えたいことを
わかりやすく表現することが
大切です。

【シンメトリーで分かりやすい表現】

安定的なレイアウトで、オーソドックスな事象を伝えたい場合。

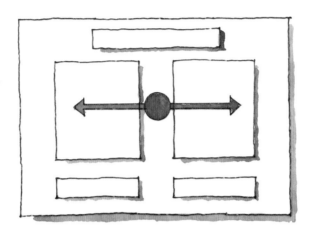

【順を追って表現】

最初にテーマを強調して、ゆっくりと内容をつめて説明する場合。

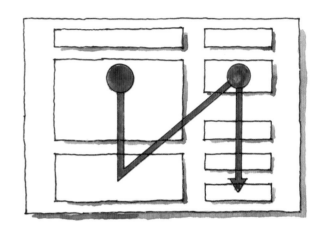

【情報をできるだけ盛り込む】

多くの情報を提供することで、より深く考えていると伝えたい場合。

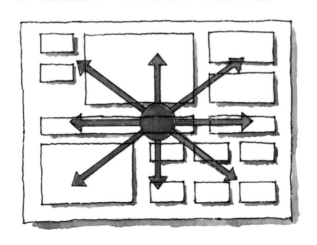

【内容にゆとりを持たせて配置】

説明をしていく中で、その内容を印象的に伝えたい場合。

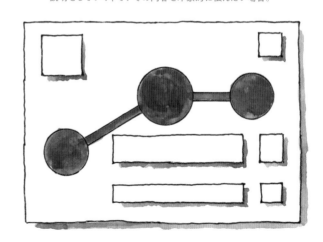

【起承転結型】

論文とともに発表するときなどに、最初と結論がはっきりとしている場合。

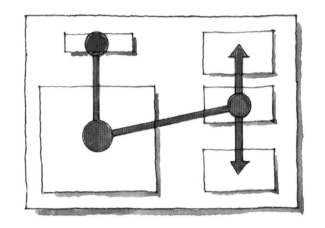

【ビジュアルと文字の相乗効果】

図版の下や隣などに詳しく説明文を並べ、より分かりやすくする場合。

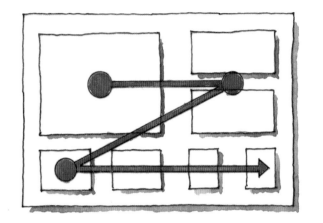

【内容を並べて比較する】

二つの事象を比べることで、今回の事象が有利であると表現したい場合。

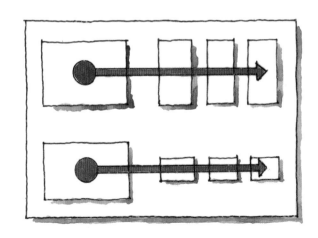

【印象的に配置】

最初の印象で説明の大筋を伝えたい場合。表紙などに使います。

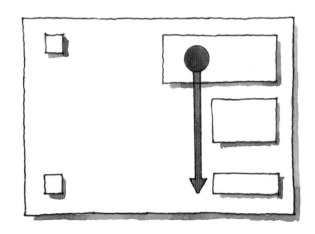

図面・写真・スケッチなど必要と思われ
るものを並べアウトラインを決めて、
色彩や陰影を適度に加えて強調し、
表現の効果を上げましょう。

世界の風土と建築物

　世界には、さまざまな建築があります。その暮らしの中に入ってみてはじめて、どうしてこの形がよいのか、どうしてこれらの材料を使うのかが理解できるようになります。情報が歩く速度で伝わっていたころまでは、「つくる」行為はそれぞれの地域の気象条件やそこにある素材に基づいて行われてきました。そしてその地域の人が満足するように保護機能を工夫し、それぞれの環境条件に対応する、地域独特の形態が考えられて継承されました。例えば、外に開くことが快適な地域もあれば、逆に閉じることが快適な地域もあり、全く違う考え方がそれぞれに広まり、継承されてきたのです。この自然と人間の暮らしの関係が「風土」と言われ、建築の形態にも大きな影響を及ぼしていたのです。

［スマトラ・サモミール島］
モンスーン地方の家　木造・高床式の集落

［イタリア・アルベロベロ］
石葺きの集落

［イタリア・ヴェローナ］
石葺きの集落

［モロッコ］
土の集落

［スペイン南部カサレス］

丘に建つ集落

［福島県南会津・大内宿］

木造・茅葺きの集落

［ローマ・ポポロ広場］

石積の都市

［トルコ・カッパドキア］

岩盤の集落

［カナダ・イグルーリック島］

雪氷の家

［ブータン王国］

版築（土）と木の家

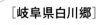

［岐阜県白川郷］

木造・茅葺きの民家

［イタリア・ヴィツェンツァ］

石積の家

［ポルトガル・モンサント］

石積の閉じられた家

［伊勢皇大神宮御稲荷御倉］

木造・檜皮葺きの家

［モンゴル］

テントの小屋（パオ）

［トルコ・ハラン村］

日干しレンガの家

旧古河庭園洋館

東京都北区西ヶ原1-27-39
電話：03-3910-0394
http://www.tokyo-park.or.jp
開園時間：9時～17時（入園は16時30分まで）
休園日：年末年始（12／29～1／1）
入園料：一般150円

いろいろな構図で描ける、
手軽な料金で終日描ける

この本で
スケッチした
お勧めの
建築DATA

※休業している施設も多いため、
事前に各施設の公式HPをご
確認ください。

自由学園明日館

東京都豊島区西池袋2-31-3
電話：03-3971-7535
http://www.jiyu.jp/
見学時間：10時～16時（入館は15時30分まで）
　　夜間見学：18時～21時（入館は20時30分まで、毎月第3金曜日）
　　休日見学：10時～17時（入館は16時30分まで）
休館日：毎週月曜日（月曜日が祝日または振替休日の場合はその翌日）、年末年始
見学料：一般500円（見学のみ）、800円（喫茶つき）、夜間1,200円（お酒つき）、
　　　　中学生以下無料
＊施設の利用状況により見学できない箇所がある場合も。
詳しくはHPの見学カレンダーで確認を。

江戸東京たてもの園内前川國男邸

東京都小金井市桜町3-7-1都立小金井公園内
電話：042-388-3300
開園時間：9時30分～17時30分（4月～9月）
　　　　　9時30分～16時30分（10月～3月）入園は閉園時間の30分前まで。
休園日：毎週月曜日（月曜日が祝日の場合はその翌日）、年末年始
入園料：一般400円、65歳以上の方200円、大学生（専修、各種含む）320円、
　　　　高校生・中学生（都外）200円、中学生（都内在学または在住）、
　　　　小学生、未就学児童無料
＊園内には、前川國男邸など江戸時代から昭和はじめの30棟の復元建造物が立ち並ぶ。

あとがき

本書は元々『手描きで映える【簡単】プレゼンスケッチ』の改訂版として、スケッチばかりではなく、建築的な観点も含んだ章を増やしてほしいとの要望に応えて発刊したものです。初めて建築図面に触れる方々に、図面の意味や、技法、表現をわかりやすく解説をしてきました。

そんな中、本書を教科書にして大学の建築学科の学生さんに使っていただく機会を得て、今日に至りましたが、本書の表題である「スケッチ＆パース」と言いながら、パースの描き方の解説が舌足らずであったようです。本文でも書きましたが「図と絵」の違いについて述べたように、一定の法則に則ることで描くことが上達するはず。

そこで、今回パースの描き方について、手順をより細かく解説。さらに、頭の中で考えていたことを、第三者に正確に伝えることができるように、立体表現の模型の作り方、プレゼンテーション図面のレイアウトの仕方を追加しました。スケッチから図面、パース、模型と建築の表現に必要な内容の解説を、カラフルな図版とともに楽しんで眺めながら学んでいただけることを願っております。少しでも皆さんの技術の上達の手助けになれば幸いです。

2022年2月
村山 隆司

前川國男邸CAD図面協力：大塚篤
前川國男邸実測協力：中野蔵人／川合遥香／高村佳澄
装丁：米倉英弘 (細山田デザイン事務所)
組版：竹下隆雄
印刷・製本：シナノ書籍印刷

村山 隆司 （ムラヤマ リュウジ）

1952年京都府生まれ。
1982年工学院大学大学院建築学科修士課程修了。
1996年に村山隆司アトリエを設立。

日本建築家協会会員登録建築家、日本建築学会会員、東京建築士会会員ヘリテージマネージャー、伝統木構造の会会員理事、建築家住宅の会会員。
文化学院、東京YMCAデザイン研究所、工学院大学にて教職を歴任。

著作に『建築法令キーワード百科』(共著)彰国社、『世界で一番幸福な国ブータン』(共著)エクスナレッジ、『建築環境設備ハンドブック』(共著)オーム社、『家の図鑑』(共著)エクスナレッジ、『家具・インテリア・建築のデザイン基礎』(共著)彰国社、『手描きで映える[簡単]プレゼンスケッチ改訂版』、『だれでもできる[超簡単]建築パース改訂版』、『シャーロック・ホームズの建築』(絵・図)全てエクスナレッジ など。

だれでもできる
[超簡単]
スケッチ&パース 増補改訂版
2022年3月28日　初版第1刷発行

著　者：村山 隆司

発行者：澤井 聖一
発行所：株式会社エクスナレッジ
〒106−0032
東京都港区六本木7−2−26
https://www.xknowledge.co.jp/

編集: Tel 03−3403−1381
　　　Fax 03−3403−1345
　　　info@xknowledge.co.jp
販売: Tel 03−3403−1321
　　　Fax 03−3403−1829